AF453506

ATHALIE

TRAGEDIE.

Tirée de l'Ecriture sainte.

Par M.ʳ RACINE.

Avec les Chœurs mis en Musique par Mr. SERVAAS de KONINK.

A AMSTERDAM,

Chez ESTIENNE ROGER, Marchand Libraire.

cIɔ Iɔc XCVII.

O N avertit le Public & particulierement les Libraires & les Maîtres de Musique des pays étrangers que s'ils souhaittent de ces livres de Musique à chanter ou d'autre Musique pour les Instrments comme aussi toutes sortes de livres François ils n'ont qu'à escrire à Estienne Roger Marchand Libraire à Amsterdam qui leur en fera bonne Composition & si se sont des particuliers, on leur fait la mesme offre pourveu qu'ils affranchissent leurs lettres & ceux qui souhaiteront quelque Musique que ce soit imprimée en France ou en Italie ou Copiée à la Main ils n'ont qu'a s'adresser au même Libraire, chés qui l'on en trouve de toutes sortes a un prix raisonnable.

Livres de Musique nouvellement gravés à Amsterdam chés Estienne Roger.

Les Airs de la Tragedie d'Esther.

Le Premier livre d'airs à Chanter

Le second

Le troisiéme.

La Comedie attendes moi sous l'Orme

La Comedie du mary sans femme

La Comedie de la Foire St. Germain

Les airs à joüer de l'opera le Triumphe de l'amour

Les Trois de M. Konink pour les flustes, les violons, & les haut bois &c.

Les Trios de M. de la Barre pour les flustes, violons, & haut bois &c.

Les Sonata de Corelli opera quarta

Un traité de Composition de Musique par M. de Nivers François & Flamend

Les Sonata de Bernardi opera seconda

Les Sonata de Tonini opera seconda

Les air a joüer & à chanter de la Comedie l'opera de village

Les Trios de M. Marais pour les flustes, violons, hautbois &c.

Des Dues Anglois pour les flustes, le violon &c.

Les concerts de M. Derosiers pr. les flutes, violons &c. 4. Parties

Les Sonata de Corelli opera seconda.

Un Livre de pieces de Clavessin de M. le Begue organiste du Roy.

Corelli Opera tertia.

Les Sonata de M Rogiers pour les haut bois, & e violon a 6 parties.

Le quatriéme Livre d'Airs serieux & a bo re

Les trios choisis de M: Lully & differents Autheurs mis en ordre par M. Babel.

A MADEMOISELLE

LUCIE QUARTIER.

MADEMOISELLE.

L'Ouvrage que je vous presente n'est pas un don que je vous fais, c'est une restitution que je vous dois. En effet l'honneur que j'ay depuis longtemps d'instruire la Jeunesse qui est soûmise à vostre conduite, fait que toutes les productions que je fais pour elles vous apartiennent ; Mais celle-cy vous appartient d'une maniere toute particuliere ; Vous m'en avez inspiré le dessein, & m'avez persuadé de le mettre en execution. Je me sentois trop foible pour le faire d'une maniere qui respondit à la dignité du sujet. Mais vous y avez supléé, car lors que je me suis trouvé present par vos ordres à la representation du premier Acte je trouvai cette même Jeunesse instruite à fons par vos soins de tout ce qu'il y a de plus delicat dans cette piece & en estat de couvrir par une heureuse expression des caracteres qu'elle contient, ce qu'il pouvoit y avoir de deffectueux dans la melodie. Aussi elle s'attira par la l'aplaudissement d'une compagnie considerable, non-seulement par le nombre, mais encore beaucoup plus par la qualité & le merite de ceux qui la composoient. J'eus alors la pensée de faire

une

une comparaiſon de vous MADEMOISELLE avec un des
principaux Perſonnages de la Tragedie, qui comme vous in-
ſtruit par les preceptes qu'il donne & édifie par ſon exemple,
mais voſtre modeſtie me le defendit abſolument, & pour m'arreſter tout court, vous me dites que les vertus morales telles
que nous les pratiquons pendant cette vie eſtoient encore ſi
éloignées de la perfection que demande le Chriſtianiſme,
qu'il n'y avoit aucune loüange juſte ni legitime, vous me re-
duiſites par là, MADEMOISELLE, à vous dire ſimplement,
que ſi les trois derniers Chœurs ont l'avantage de vous plaire autant qu'a fait le premier, j'ay fait ce que j'ay ſouhaitté
faire.   Je ſuis

MADEMOISELLE

Voſtre trés-humble & trés-obeiſſant Serviteur

SERVAAS DE KONINK.

PREFACE.

Tout le monde sçait que le Royaume de Juda estoit composé des deux Tribus de Juda & de Benjamin, & que les dix autres Tribus qui se revoltérent contre Roboam, composoient le Royaume d'Israël. Comme les Rois de Juda estoient de la Maison de David, & qu'ils avoient dans leur partage la Ville & le Temple de Jerusalem, tout ce qu'il y avoit de Prestres & de Lévites se retirérent auprés d'eux, & leur demeurérent toûjours attachez. Car depuis que le Temple de Salomon fut basti, il n'estoit plus permis de sacrifier ailleurs, & tous ces autres Autels qu'on élevoit à Dieu sur des montagnes, appellez par cette raison dans l'Ecriture les hauts Lieux, ne luy estoient point agréables. Ainsi le culte legitime ne subsistoit plus que dans Juda. Les dix Tribus, excepté un tres-petit nombre de personnes, estoient ou Idolâtres ou Schismatiques.

Au reste ces Prestres & ces Lévites faisoient eux-mêmes une Tribu fort nombreuse. Ils furent partagez en diverses Classes pour servir tour à tour dans le Temple, d'un jour de Sabbath à l'autre. Les Prestres estoient de la Famille d'Aaron, & il n'y avoit que ceux de cette Famille, lesquels pussent exercer la Sacrificature. Les Lévites leur estoient subordonnez, & avoient soin entre autres choses, du chant, de la préparation des victimes, & de la garde du Temple. Ce nom de Lévite ne laisse pas d'estre donné quelquefois indifferemment à tous ceux de la Tribu. Ceux qui estoient en semaine avoient, ainsi que le grand Prêtre, leur logement dans les portiques ou galeries, dont le Temple estoit environné, & qui faisoient partie du Temple même. Tout l'édifice s'appelloit en general le Lieu saint. Mais on appelloit plus particulierement de ce nom cette partie du Temple interieur où estoit le Chandelier d'or, l'Autel des parfums, & les Tables des pains de proposition. Et cette partie estoit encore distinguée du Saint des Saints, où estoit l'Arche, & où le grand Prestre seul avoit droit d'entrer une fois l'année. C'estoit une Tradition assez constante que la Montagne sur laquelle le Temple fut basti, estoit la même Montagne, où Abraham avoit autrefois offert en sacrifice son fils Isaac.

J'ay cru devoir expliquer icy ces particularitez, afin que ceux à qui l'Histoire de l'ancien Testament ne sera pas assez presente, n'en soient point arrestez en lisant cette Tragedie. Elle a pour sujet, Joas reconnú & mis sur le Thrône; & j'aurois dû dans les regles l'intituler Joas. Mais la plufpart du monde n'en ayant entendu parler que sous le nom d'Athalie, je n'ay pas jugé à propos de la leur presenter sous un autre titre, puisque d'ailleurs Athalie y jouë un personnage si considerable, & que c'est sa mort qui termine la Piece. Voicy une partie des principaux evenemens qui devancerent cette grande action.

Joram Roy de Juda, fils de Josaphat & le septiéme Roy de la race de David, épousa Athalie fille d'Achab & de Jézabel, qui regnoient en Israël, fameux l'un & l'autre, mais principalement Jézabel par leurs sanglantes persecutions contre les Prophetes. Athalie, non moins impie que sa Mere, entraîna bien-tost le Roy son Mary dans l'Idolâtrie, & fit même construire dans Jerusalem un Temple à Baal, qui estoit le Dieu du païs de Tyr & de Sidon, où Jézabel avoit pris naissance. Joram, aprés avoir veu perir par les mains des Arabes & des Philistins tous les Princes ses Enfans à la reserve d'Okosias, mourut luy-meme miserablement d'une longue maladie qui lùy consuma les entrailles. Sa mort funeste n'empêcha pas Okosias d'imiter son impieté & celle d'Athalie sa mere. Mais ce Prince, aprés avoir regné seulement un an, estant allé rendre visite au Roy d'Israël frere d'Athalie, fut enveloppé dans la ruine de la Maison d'Achab, & tué par l'ordre de Jehu, que Dieu avoit fait sacrer par ses Prophetes, pour regner sur Israël, & pour

A

estre

estre le Ministre de ses vangeances. Jéhu extermina toute la posterité d'Achab, & fit jetter par les fenestres Jezabel, qui selon la prédiction d'Elie, fut mangée des chiens dans la vigne de ce même Naboth, qu'elle avoit fait mourir autrefois pour s'emparer de son heritage. Athalie ayant appris à Jerusalem tous ces massacres, entreprit de son costé d'éteindre entierement la Race royale de David, en faisant mourir tous les Enfans d'Okosias ses Petits fils. Mais heureusement Josabet sœur d'Okosias, & fille de Joram, mais d'une autre mere qu'Athalie estant arrivée lors qu'on égorgeoit les Princes ses Neveux, elle trouva moyen de dérober du milieu des morts le petit Joas encore à la mammelle, & le confia avec sa Nourrice au grand Prestre son mary qui les cacha tous deux dans le Temple, où l'Enfant fut elevé secretement jusqu'au jour qu'il fut proclamé Roy de Juda. L'Histoire des Rois dit que ce fut la septiéme année d'aprés. Mais le Texte grec des Paralipomenes que Severe Sulpice a suivi, dit que ce fut la huitiéme. C'est ce qui m'a autorisé à donner à ce Prince neuf à dix ans, pour le mettre déja en estat de répondre aux questions qu'on luy fait.

Je croy ne lui avoir rien fait dire, qui soit au dessus de la portée d'un enfant de cet âge, qui a de l'esprit & de la memoire. Mais quand j'aurois esté un peu au-delà, il faut considerer que c'est icy un Enfant tout extraordinaire, élevé dans le Temple par un grand Prestre qui le regardant comme l'unique esperance de sa Nation, l'avoit instruit de bonne heure dans tous les devoirs de la Religion & de la Royauté. Il n'en estoit pas de même des Enfans des Juifs, que de la pluspart des nôtres. On leur apprenoit les saintes Lettres non seulement dés qu'ils avoient atteint l'usage de la raison, mais pour me servir de l'expression de Saint Paul, dés la mammelle. Chaque Juif estoit obligé d'écrire une fois en sa vie de sa propre main le volume de la Loy tout entier. Les Rois estoient même obligez de l'écrire deux fois, & il leur estoit conjoint de l'avoir continuellement devant les yeux. Je puis dire icy que la France voit en la personne d'un Prince de huit ans & demi, qui fait aujourd'huy ses plus cheres délices, un exemple illustre de ce que peut dans un Enfant un heureux naturel aidé d'une excellente éducation : & que si j'avois donné au petit Joas la même vivacité & le même discernement qui brillent dans les reparties de ce jeune Prince, on m'auroit accusé avec raison d'avoir peché contre les regles de la vray-semblance.

L'âge de Zacharie fils du grand Prêtre n'estant point marqué, on peut luy supposer si l'on veut deux ou trois ans de plus qu'a Joas.

J'ay suivi l'explication de plusieurs Commentateurs fort habiles, qui prouvent par le Texte même de l'Ecriture, que tous ces soldats à qui Ioïada, ou Ioad, comme il est appellé dans Iosephe, fit prendre les armes consacrées à Dieu par David, estoient autant de Prestres & de Lévites, aussi-bien que les cinq Centeniers qui les commandoient. En effet, disent ces Interpretes, tout devoit estre saint dans une si sainte action, & aucun Profane n'y devoit estre employé. Il s'y agissoit non seulement de conserver le sceptre dans la maison de David, mais encore de conserver à ce grand Roy cette suite de Descendans dont devoit naître le Messie. *Car ce Messie tant de fois promis comme Fils d'Abraham, devoit aussi estre Fils de David & de tous les Rois de Juda.* Delà vient que * l'illustre & sçavant Prélat, de qui j'ay emprunté ces paroles, appelle Ioas le precieux reste de la maison de David. Iosephe en parle dans les mêmes termes. Et l'Ecriture dit expressément, que Dieu n'extermina pas toute la famille de Ioram voulant conserver à David la Lampe qu'il lui avoit promise. Or cette Lampe qu'estoit-ce autre chose que la lumiere qui devoit estre un jour révelée aux Nations?

L'Histoire ne specifie point le jour où Ioas fut proclamé. Quelques Interpretes veulent que ce fut un jour de Feste. J'ay choisi celle de la Pentecoste, qui estoit l'une des trois grandes Festes des Iuifs. On y celebroit la memoire de la publication de la Loy sur le mont de Sinaï, & on y offroit aussi à Dieu les premiers pains de la nouvelle moisson; ce qui faisoit qu'on la

* M. de Meaux.

...mmoit encore la Feſte des Prémices. J'ay ſongé que ces circonſtances me fourniroient quelque varieté pour les chants du Chœur.

Ce Chœur eſt compoſé de jeunes Filles de la Tribu de Levi, & je mets à leur teſte une Fille, que je donne pour ſœur à Zacharie. C'eſt elle qui introduit le Chœur chez ſa Mere : Elle chante avec lui, porte la parole pour lui, & fait enfin les fonctions de ce Perſonnage des anciens Chœurs qu'on appelloit le Coryphée. J'ay auſſi eſſayé d'imiter des Anciens cette continuité d'Action, qui fait que leur Theatre ne demeure jamais vuide ; les intervalles des Actes n'eſtant marquez que par des hymnes & par des moralitez du Chœur, qui ont rapport à ce qui ſe paſſe.

On me trouvera peut-eſtre un peu hardi d'avoir oſé mettre ſur la Scene un Prophete inſpiré de Dieu, & qui prédit l'avenir. Mais j'ay eu la précaution de ne mettre dans ſa bouche que des expreſſions tirées des Prophetes meſmes. Quoy que l'Ecriture ne diſe pas en termes exprès que Joïada ait eu l'eſprit de prophetie, comme elle le dit de ſon Fils, elle le repreſente comme un homme tout plein de l'Eſprit de Dieu. Et d'ailleurs ne paroiſt-il pas par l'Evangile qu'il a pû prophetiſer en qualité de ſouverain Pontife ? Je ſuppoſe donc qu'il voit en eſprit le funeſte changement de Ioas, qui après trente années d'un regne fort pieux, s'abandonna aux mauvais conſeils des Flatteurs, & ſe ſouilla du meurtre de Zacharie fils & ſucceſſeur de ce grand Preſtre. Ce meurtre commis dans le Temple fut une des principales cauſes de la colere de Dieu contre les Juifs, & de tous les malheurs qui leur arriverent dans la ſuite. On pretend même que depuis ce jour-là les réponſes de *Dieu* ceſſerent entierement dans le Sanctuaire. C'eſt ce qui m'a donné lieu de faire prédire tout de ſuite à Joad & la deſtruction du Temple & la ruine de Ieruſalem. Mais comme les Prophetes joignent d'ordinaire les conſolations aux menaces, & que d'ailleurs il s'agit de mettre ſur le throne un des Anceſtres du Meſſie, j'ay pris occaſion de faire entrevoir la venuë de ce Conſolateur, après lequel tous les anciens juſtes ſoûpiroient. Cette Scene, qui eſt une eſpece d'Epiſode, ameine tres-naturellement la Muſique, par la coûtume qu'avoient pluſieurs Prophetes d'entrer dans leurs ſaints tranſports au ſon des inſtrumens. Témoin cette troupe de Prophetes qui vinrent au devant de Saül avec des harpes & des lyres, qu'on portoit devant eux, & témoin Eliſée lui-même, qui eſtant conſulté ſur l'avenir par le Roy de Iuda & par le Roy d'Iſraël, dit comme fait icy Ioad, *Adducite mihi Pſalten.* Ajoûtez à cela que cette Prophétie ſert beaucoup à augmenter le trouble dans la Piece, par la conſternation & par les differens mouvemens où elle jette le Chœur & les principaux Acteurs.

LES NOMS DES

PERSONNAGES

JOAS, Roy de Juda, fils d'Okofias.
ATHALIE, Veuve de Joram, Ayeule de Joas.
JOAD, autrement JOÏADA, Grand Prestre.
JOSABET, Tante de Joas, Femme du Grand Prestre.
ZACHARIE, fils de Joad & de Josabet.
SALOMITH, Sœur de Zacharie.
ABNER, l'un des principaux Officiers des Rois de Juda.
AZARIAS.
ISMAEL.
ET LES TROIS AUTRES CHEFS
    des Prestres & des Lévites.
MATHAN, Prestre Apostat, Sacrificateur de Baal.
NABAL, Confident de Mathan.
AGAR, Femme de la suite d'Athalie.
TROUPE DE PRESTRES ET DE LEVITES.
SUITE D'ATHALIE.
LA NOURRICE de Joas.
CHOEUR de jeunes Filles de la Tribu de Lévi.

La Scene est dans le Temple de Jerusalem, dans un Vestibule de l'appartement du Grand Prestre.

ATHALIE
TRAGEDIE.

ACTE PREMIER.

SCENE PREMIERE.

IOAD, ABNER.

ABNER.

Uy, je viens dans son Temple adorer l'Eternel,
Je viens, selon l'usage antique & solemnel,
Celebrer avec vous la fameuse journée,
Où sur le mont Sina la Loy nous fut donnée.
Que les temps sont changez! Si-tost que de ce jour
La trompette sacrée annonçoit le retour,
Du Temple orné par tout de festons magnifiques,
Le peuple saint en foule inondoit les portiques;
Et tous devant l'Autel avec ordre introduits,
De leur champ dans leurs mains portant les nouveaux fruits,
Au Dieu de l'Univers consacroient ces prémices.
Les Prestres ne pouvoient suffire aux sacrifices.
L'audace d'une femme arrestant ce concours
En des jours tenebreux a changé ces beaux jours.
D'Adorateurs zelez à peine un petit nombre
Ose des premiers temps nous retracer quelque ombre.
Le reste pour son Dieu montre un oubli fatal,
Ou même s'empressant aux autels de Baal,
Se fait initier à ses honteux mysteres,
Et blasphéme le nom qu'ont invoqué leurs peres.
Je tremble, qu'Athalie, à ne vous rien cacher,
Vous mesme de l'Autel vous faisant arracher,
N'acheve enfin sur vous ses vangeances funestes,
Et d'un respect forcé ne dépouille les restes.

IOAD.

D'où vous vient aujourd'huy ce noir pressentiment?

ABNER.

Pensez-vous estre saint & juste impunément?
Dés long-temps elle hait cette fermeté rare
Qui rehausse en Joad l'éclat de la tiare.
Dés longtemps vostre amour pour la Religion

A 3

Est

Eſt traité de revolte & de ſedition.
Du merite éclatant cette Reine jalouſe
Hait ſur tout Joſabet voſtre fidelle épouſe.
Si du grand Preſtre Aaron Joad eſt ſucceſſeur
De noſtre dernier Roy Joſabet eſt la ſœur.
Mathan d'ailleurs, Mathan ce Preſtre ſacrilege
Plus méchant qu'Athalie à toute heure l'aſſiege,
Mathan de nos autels infame deſerteur,
Et de toute vertu zelé perſecuteur.
C'eſt peu que le front ceint d'une mitre étrangére
Ce Levite à Baal preſte ſon miniſtére.
Ce Temple l'importune, & ſon impieté
Voudroit anéantir le Dieu qu'il a quitté.
Pour vous perdre, il n'eſt point de reſſorts qn'il ne joüe.
Quelquefois il vous plaint, ſouvent même il vous loüe.
Il affeſte pour vous une fauſſe douceur.
Et par-là de ſon fiel colorant la noirceur,
Tantoſt à cette Reine il vous peint redoutable,
Tantoſt voyant pour l'or ſa ſoif inſatiable,
Il luy feint, qu'en un lieu, que vous ſeul connoiſſez,
Vous cachez des treſors par David amaſſez.
Enfin depuis deux jours la ſuperbe Athalie
Dans un ſombre chagrin paroiſt enſevelie.
Je l'obſervois hier, & je voyois ſes yeux
Lancer ſur le Lieu ſaint des regards furieux;
Comme ſi dans le fond de ce vaſte édifice
Dieu cachoit un Vangeur armé pour ſon ſupplice.
Croyez-moy, plus j'y penſe, & moins je puis douter
Que ſur vous ſon courroux ne ſoit preſt d'éclater,
Et que de Jézabel la fille ſanguinaire
Ne vienne attaquer Dieu juſqu'en ſon Sanctuaire.

JOAD.

Celuy qui met un frein à la fureur des flots
Sçait auſſi des Méchans arreſter les complots.
Soûmis avec reſpect à ſa volonté ſainte,
Je crains Dieu, cher Abner, & n'ay point d'autre crainte.
Cependant je rends grace au zele officieux
Qui ſur tous mes perils vous fait ouvrir les yeux.
Je voy que l'injuſtice en ſecret vous irrite,
Que vous avez encor le cœur Iſraëlite.
Le Ciel en ſoit beni. Mais ce ſecret courroux,
Cette oiſive vertu, vous en contentez-vous?
La foy qui n'agit point, eſt-ce une foy ſincere?
Huit ans déja paſſez une impie Étrangere
Du ſceptre de David uſurpe tous les droits,
Se baigne impunément dans le ſang de nos Rois,
Des enfans de ſon fils deteſtable homicide,
Et même contre Dieu leve ſon bras perfide.

Et

Et vous, l'un des soûtiens de ce tremblant Estat,
Vous nourri dans les camps du saint Roy Josaphat,
Qui sous son fils Joram commandiez nos armées,
Qui rassûrastes seul nos villes allarmées,
Lors que d'Okosias le trépas imprévû
Dispersa tout son camp à l'aspect de Jéhu;
Je crains Dieu, dites-vous, la verité me touche.
Voicy comme ce Dieu vous répond par ma bouche;
Du zele de ma loy que sert de vous parer?
Par de steriles vœux pensez-vous m'honorer?
Quel fruit me revient-il de tous vos sacrifices?
Ay-je besoin du sang des boucs & des genisses?
Le sang de vos Rois crie, & n'est point écouté.
Rompez, rompez tout pacte avec l'impieté.
Du milieu de mon peuple exterminez les crimes,
Et vous viendrez alors m'immoler vos victimes.

ABNER.

Hé que puis-je au milieu de ce peuple abattu?
Benjamin est sans force, & Juda sans vertu.
Le jour qui de leurs Rois vit éteindre la race
Eteignit tout le feu de leur antique audace.
Dieu même, disent-ils, s'est retiré de nous.
De l'honneur des Hébreux autrefois si jaloux,
Il voit sans interest leur grandeur terrassée,
Et sa misericorde à la fin s'est lassée.
On ne voit plus pour nous ses redoutables mains
De merveilles sans nombre effrayer les humains.
L'Arche sainte est müette & ne rend plus d'oracles.

IOAD.

Et quel temps fut jamais si fertile en miracles?
Quand Dieu par plus d'effets montra-t'il son pouvoir?
Auras-tu donc toûjours des yeux pour ne point voir,
Peuple ingrat? Quoy toûjours les plus grandes merveilles
Sans ébranler ton cœur frapperont tes oreilles?
Faut-il, Abner, faut-il vous rappeller le cours
Des prodiges fameux accomplis en nos jours?
Des Tyrans d'Israël les celebres disgraces,
Et Dieu trouvé fidelle en toutes ses menaces;
L'impie Achab détruit, & de son sang trempé
Le champ que par le meurtre il avoit usurpé;
Prés de ce champ fatal Jézabel immolée,
Sous les piez des chevaux cette Reine foulée,
Dans son sang inhumain les chiens desalterez,
Et de son corps hydeux les membres déchirez;
Des Prophetes menteurs la troupe confonduë,
Et la flamme du Ciel sur l'autel descenduë,
Elie aux élemens parlant en Souverain,
Les Cieux par luy fermez, & devenus d'airain,

Et

Et la terre trois ans sans pluye & sans rosée ;
Les morts se ranimant à la voix d'Elisée ;
Reconnoissez, Abner, à ces traits éclatans
Un Dieu, tel aujourd'huy qu'il fut dans tous les temps.
Il sçait quand il luy plaist faire éclater sa gloire,
Et son peuple est toûjours présent à sa memoire.

ABNER.

Mais où sont ces honneurs à David tant promis,
Et prédits même encore à Salomon son fils?
Helas! Nous esperions que de leur race heureuse
Devoit sortir de Rois une suite nombreuse,
Que sur toute tribu, sur toute nation
L'un d'eux établiroit sa domination,
Feroit cesser par tout la discorde & la guerre,
Et verroit à ses piez tous les Rois de la terre.

JOAD.

Aux promesses du Ciel pourquoy renoncez-vous?

ABNER.

Ce Roy fils de David où le chercherons-nous?
Le Ciel même peut-il reparer les ruïnes
De cét arbre seché jusques dans ses racines?
Athalie étouffa l'enfant même au berceau.
Les morts aprés huit ans sortent-ils du tombeau?
Ah! Si dans sa fureur elle s'estoit trompée,
Si du sang de nos Rois quelque goutte échapée.

JOAD.

Hé bien? Que feriez-vous?

ABNER.

                              O jour heureux pour moy!
De quelle ardeur j'irois reconnoistre mon Roy!
Doutez vous qu'à ses piez nos tribus empressées....
Mais pourquoy me flatter de ces vaines pensées?
Déplorable héritier de ces Rois triomphans
Okosias restoit seul avec ses enfans.
Par les traits de Jehu je vis percer le pere,
Vous avez veu les fils massacrez par la mere.

JOAD.

Je ne m'explique point. Mais quand l'astre du jour
Aura sur l'horison fait le tiers de son tour,
Lors que la troisiéme heure aux prieres rappelle,
Retrouvez-vous au Temple avec ce mesme zele.
Dieu pourra vous montrer par d'importants bienfaits
Que sa parole est stable, & ne trompe jamais.
Allez, pour ce grand jour il faut que je m'appreste.
Et du Temple déja l'aube blanchit le faiste.

ABNER.

Quel sera ce bienfait que je ne comprens pas!
L'illustre Iosabet porte vers vous ses pas,

Je

Je sors, & vais me joindre à la troupe fidelle
Qu'attire de ce jour la pompe solemnelle,

SCENE II.

JOAD, JOSABET.

IOAD.

LEs temps sont accomplis, Princesse, il faut parler,
Et vostre heureux larcin ne se peut plus celer.
Des ennemis de Dieu la coupable insolence
Abusant contre luy de ce profond silence,
Accusent trop long-temps ses promesses d'erreur.
Que dis-je? Le succés animant leur fureur
Jusques sur nostre Autel vostre injuste Marâtre.
Veut offrir à Baal un encens idolâtre.
Montrons ce jeune Roy que vos mains ont sauvé,
Sous l'aîle du Seigneur dans le Temple élévé.
De nos Princes Hebreux il aura le courage,
Et déja son esprit a devancé son âge.
Avant que son destin s'explique par ma voix,
Je vais l'offrir au Dieu par qui regnent les Rois.
Aussi-tost assemblant nos Lévites, nos Prestres,
Je leur declareray l'héritier de leurs Maistres.

JOSABET.

Sçait-il déja son nom, & son noble destin?

JOAD.

Il ne répond encor qu'au nom d'Eliacin,
Et se croit quelque enfant rejetté par sa mere,
A qui j'ay par pitié daigné servir de pere.

JOSABET.

Helas! de quel peril je l'avois sceu tirer!
Dans quel peril encore il est prest de rentrer!

JOAD,

Quoy? Déja vostre foy s'affoiblit & s'étonne?

JOSABET.

A vos sages conseils, Seigneur, je m'abandonne.
Du jour que j'arrachay cet Enfant à la mort,
Je remis en vos mains tout le soin de son sort.
Méme de mon amour craignant la violence,
Autant que je le puis, j'évite sa presence,
De peur qu'en le voyant, quelque trouble indiscret.
Ne fasse avec mes pleurs échaper mon secret.
Sur-tout j'ay cru devoir aux larmes, aux prieres
Consacrer ces trois jours & ces trois nuits entieres.
Cependant aujourd'huy puis je vous demander
Quels amis vous avez prests, à vous seconder?

Abner, le brave Abner viendra-t-il nous défendre?
A -t-il prés de son Roy fait serment de se rendre?
                    I O A D.
Abner, quoiqu'on se pust assûrer sur sa foy,
Ne sçait pas même encor si nous avons un Roy.
                    I O S A B E T.
Mais à qui de Joad confiez-vous la garde ?
Est-ce Obed, est-ce Amnon que cét honneur regarde?
De mon Pere sur eux les bienfaits répandus. ..
                    I O A D.
A l'injuste Athalie ils se sont tous vendus.
                    I O S A B E T.
Qui donc opposez-vous contre ses satellites ?
                    I O A D.
Ne vous l'ay-je pas dit? Nos Prestres, nos Lévites.
                    I O S A B E T.
Je sçay que prés de vous en secret rassemblé.
Par vos soins prévoyans leur nombre est redoublé;
Que pleins d'amour pour vous, d'horreur pour Athalie,
Un serment solemnel par avance les lie
A ce fils de David qu'on leur doit réveler
Mais quelque noble ardeur dont ils puissent brûler,
Peuvent-ils de leur Roy vanger seuls la querelle?
Pour un si grand ouvrage est-ce assez de leur zele?
Doutez-vous qu'Athalie, au premier bruit semé
Qu'un fils d'Okosias est icy renfermé,
De ses fiers Etrangers assemblant les cohortes,
N'environne le Temple & n'en brise les portes?
Suffira t-il contre eux de vos Ministres saints,
Qui levant au Seigneur leurs innocentes mains
Ne sçavent que gemir, & prier pour nos crimes,
Et n'ont jamais versé que le sang des Victimes?
Peut-estre dans leurs bras Joas percé de coups....
                    I O A D.
Et comptez-vous pour rien Dieu qui combat pour nous?
Dieu, qui de l'orphelin protege l'innocence,
Et fait dans la foiblesse éclater sa puissance ;
Dieu qui hait les Tyrans, & qui dans Jezraël
Jura d'exterminer Achab & Jezabel,
Dieu, qui frappant Ioram le mary de leur fille
A jusques sur son Fils poursuivi leur famille ;
Dieu, dont le bras vangeur, pour un temps suspendu.
Sur cette race impie est toûjours étendu.
                    I O S A B E T.
Et c'est sur tous ces Rois sa justice sévere
Que je crains pour le fils de mon mal-heureux Frere.
Qui sçait si cét Enfant par leur crime entraisné
Avec eux en naissant ne fut pas condamné?

Si Dieu le separant d'une odieuse race,
En faveur de David voudra luy faire grace?
     Helas? l'estat horrible où le ciel me l'offrit,
Revient à tout moment effrayer mon esprit,
De Princes égorgez la chambre estoit remplie.
Un poignard à la main l'implacable Athalie
Au carnage animoit ses barbares Soldats,
Et poursuivoit le cours de ses assassinats.
Joas laissé pour mort frappe soudain ma veuë.
Ie me figure encor sa Nourrice éperduë,
Qui devant les Bourreaux s'estoit jettée en vain,
Et foible le tenoit renversé sur son sein.
Ie le pris tout sanglant. En baignant son visage.
Mes pleurs du sentiment luy rendirent l'usage.
Et soit frayeur encore, ou pour me caresser,
De ses bras innocens je me sentis presser.
Grand Dieu, que mon amour ne luy soit point funeste.
Du fidelle David c'est le prétieux reste.
Nourri dans ta maison en l'amour de ta Loy
Il ne connoist encor d'autre Pere que toy.
Sur le point d'attaquer une Reine homicide,
A l'aspect du peril si ma foy s'intimide,
Si la chair & le sang se troublant aujourd'huy
Ont trop de part aux pleurs que je répans pour luy;
Conserve l'héritier de tes saintes promesses,
Et ne punis que moy de toutes mes foiblesses.
                I O A D.
Vos larmes, Josabet, n'ont rien de criminel,
Mais Dieu veut qu'on espere en son soin paternel,
Il ne recherche point, aveugle en sa colere,
Sur le fils qui le craint, l'impieté du Pere.
Tout ce qui reste encor de fidelles Hebreux
Luy viendront aujourd'huy renouveller leurs vœux,
Autant que de David la race est respectée,
Autant de Jézabel la fille est détestée.
Ioas les touchera par sa noble pudeur,
Où semble de son sang reluire la splendeur.
Et Dieu par sa voix méme appuyant nostre exemple,
De plus prés à leur cœur parlera dans son Temple,
Deux infidéles Rois tour à tour l'ont bravé
Il faut que sur le thrône un Roy soit élevé,
Qui se souvienne un jour qu'au rang de ces Ancestres
Dieu l'a fait remonter par la main de ses Prestres,
L'a tiré par leur main de l'oubli du tombeau,
Et de David éteint rallumé le flambeau.
Grand Dieu, si tu prévois qu'indigne de sa race
Il doive de David abandonner la trace,
Qu'il soit comme le fruit en naissant arraché,

                                        Ou.

Ou qu'un souffle ennemi dans sa fleur a seché.
Mais si ce même Enfant à tes ordres docile,
Doit estre à tes desseins un instrument utile;
Fay qu'au juste héritier le sceptre soit remis.
Livre en mes foibles mains ses puissans ennemis.
Confons dans ses conseils une Reine cruelle
Daigne, daigne, mon Dieu sur Mathan & sur elle
Répandre cét esprit d'imprudence & d'erreur,
De la chute des Rois funeste avantcoureur.
L'heure me presse. Adieu. Des plus saintes familles
Vostre fils & sa sœur vous amenent les filles.

S C E N E III.

IOSABET, ZACHARIE, SALOMITH,
LE CHOEUR.

IOSABET.

CHer Zacharie, allez, ne vous arrestez pas.
    De vostre auguste Pere accompagnez les pas.
   O filles de Lévi, troupe jeune & fidelle,
Que déja le Seigneur embrase de son zele,
Qui venez si souvent partager mes soûpirs,
Enfans, ma seule joye en mes longs déplaisirs;
Ces festons dans vos mains, & ces fleurs sur vos testes,
Autrefois convenoient à nos pompeuses festes.
Mais, helas! en ce temps d'opprobre & de douleurs
Quelle offrande sied mieux que celle de nos pleurs?
J'entens déja, j'entens la trompette sacrée,
Et du Temple bientost on permettra l'entrée.
Tandis que je me vais préparer à marcher.
Chantez, loüez le Dieu que vous venez chercher.

S C E N E IV.

LE CHOEUR.

Tout l'uni- vers est plein de sa magni- ficen- ce qu'on l'ado- re .ce
Dieu qu'on l'invoque à jamais son empire a des temps préce- dé la naif-

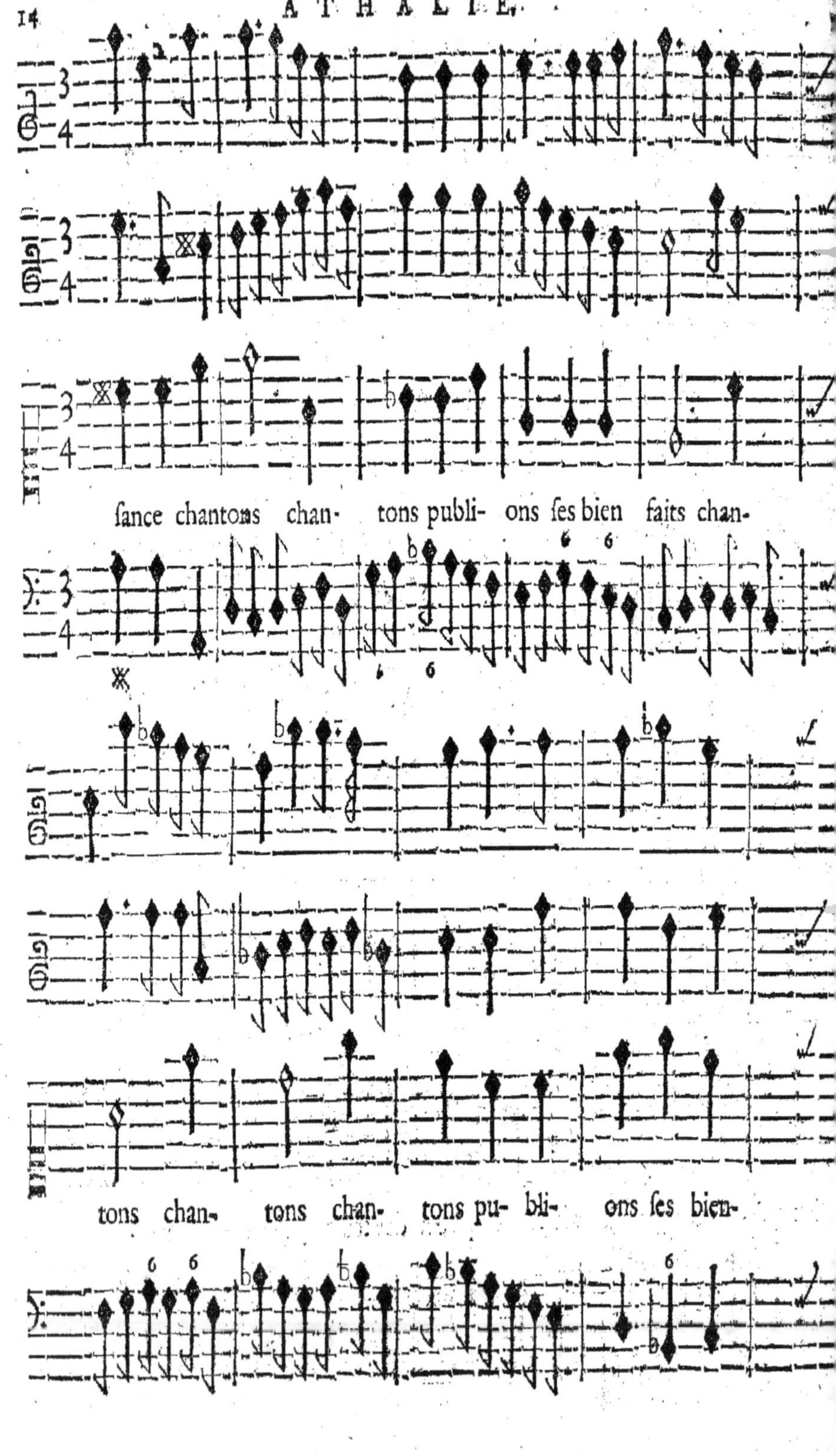
fance chantons chan- tons publi- ons ses bien faits chan-
tons chan- tons chan- tons pu- bli- ons ses bien-

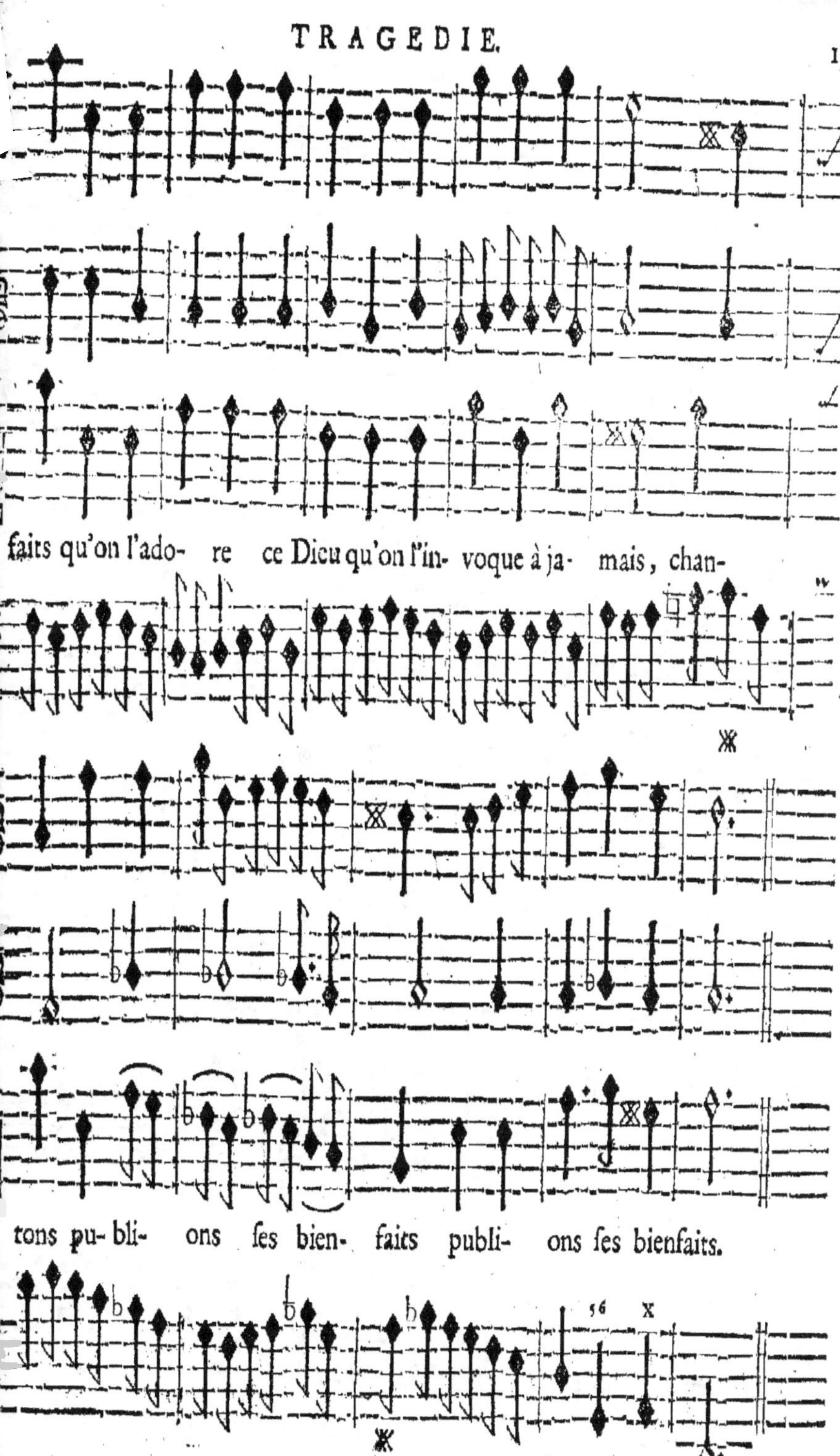

faits qu'on l'ado- re ce Dieu qu'on l'in- voque à ja- mais, chantons pu- bli- ons ses bien- faits publi- ons ses bienfaits.

Une voix seule.

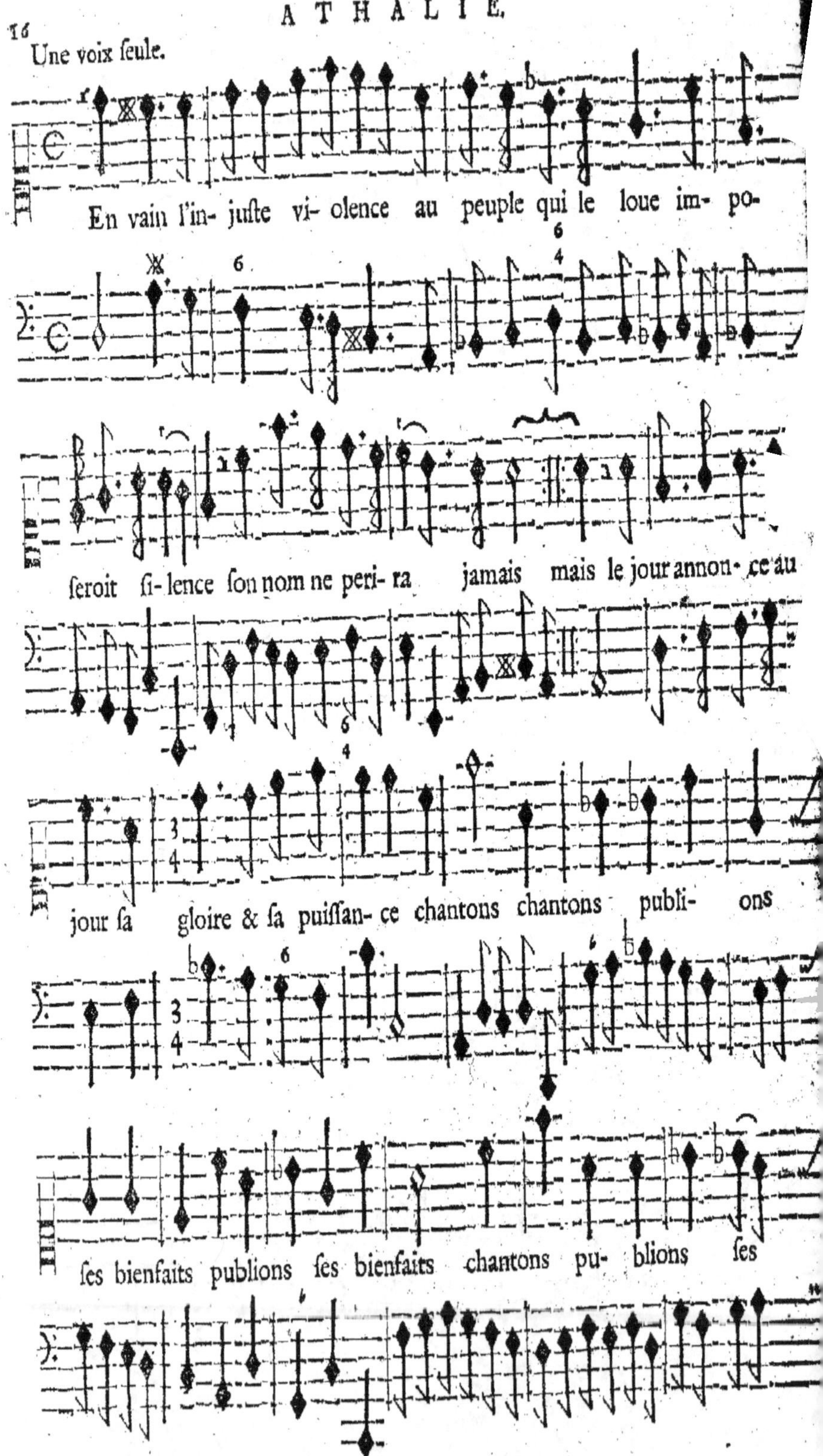

On reprend le Chœur, Tout l'Univers est plein de sa magnificence.

Une autre.

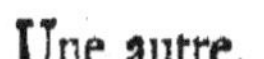

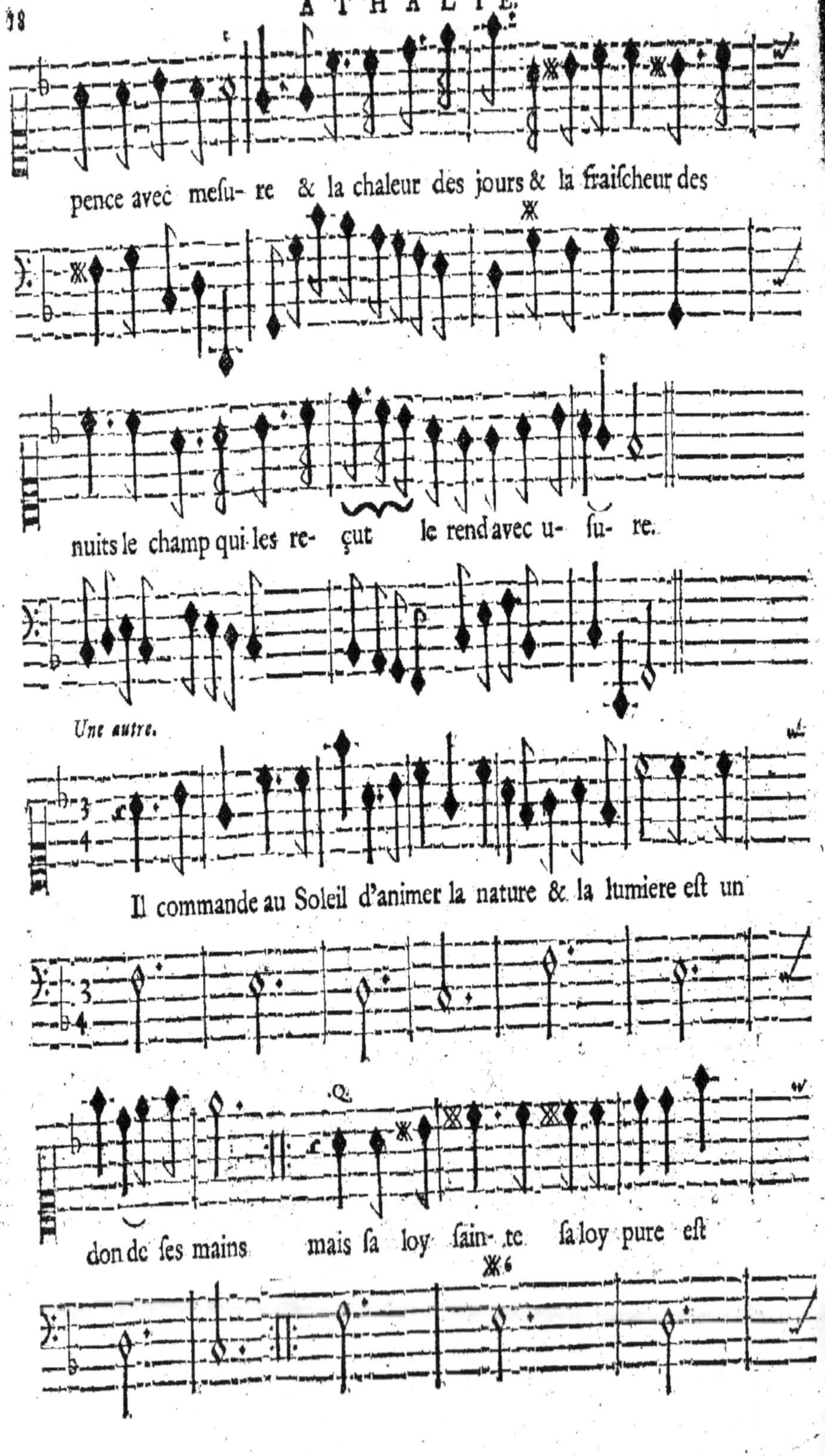
pence avec mesu- re & la chaleur des jours & la fraîcheur des
nuits le champ qui les re- çut le rend avec u- su- re.
Une autre.
Il commande au Soleil d'animer la nature & la lumiere est un
don de ses mains mais sa loy sain- te sa loy pure est

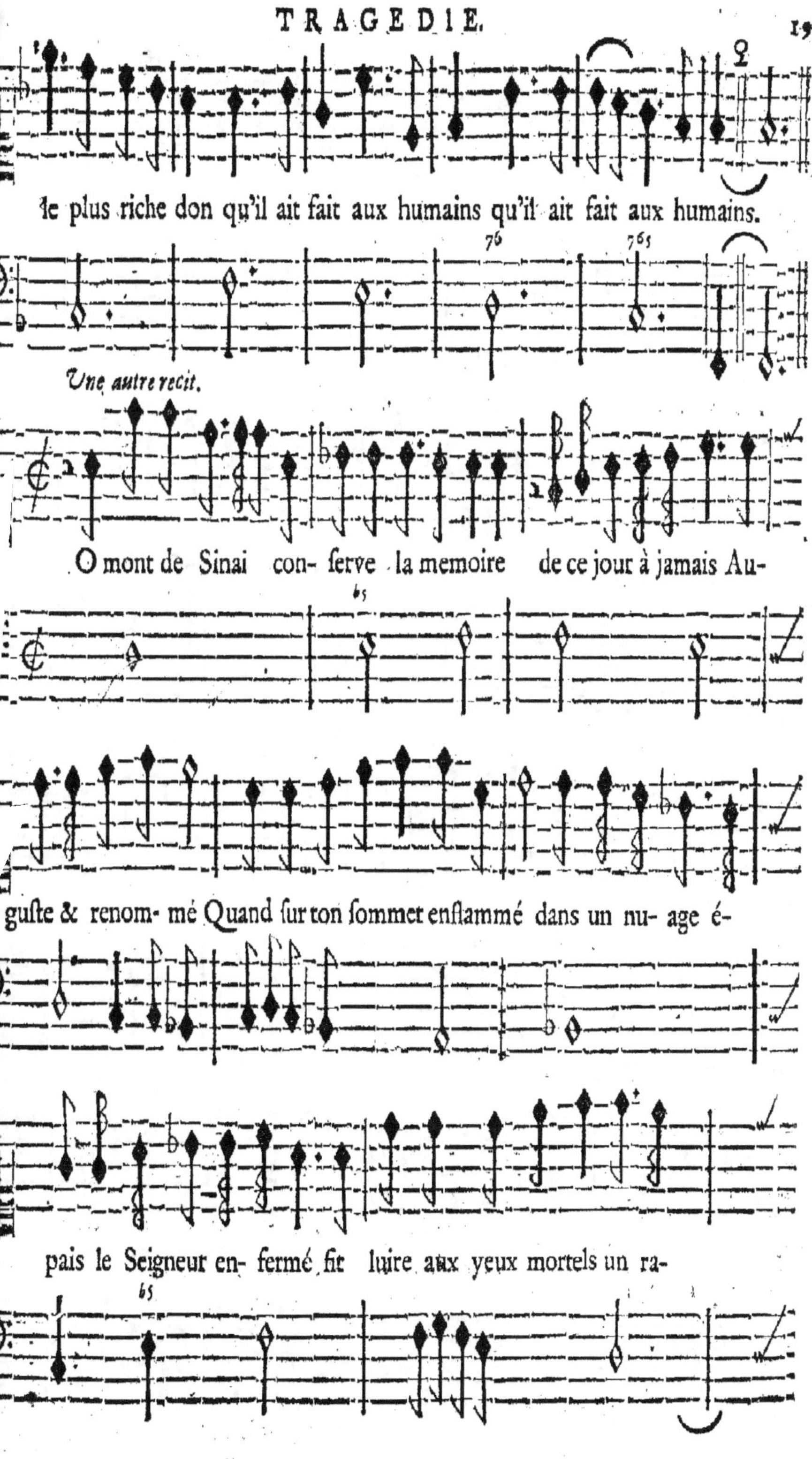
le plus riche don qu'il ait fait aux humains qu'il ait fait aux humains.
Une autre recit.
O mont de Sinai con- ſerve la memoire de ce jour à jamais Au-
guſte & renom- mé Quand ſur ton ſommet enſlammé dans un nu- age é-
pais le Seigneur en- fermé fit luire aux yeux mortels un ra-

yon de fa gloi- re dy nous pourquoy ces
feux & ces efclairs ces torrens de fumée & ce bruit dans les airs
ces trompettes & ce ton- ner-
re venoit il renver- fer l'ordre des ele-

Fort lentement
ments sur ses an- tiques fondemens venoit il ébranler la terre.
Il venoit re- veler aux enfans des Hebreux   de ses pre- ceptes
saints la lumiere immor- tel-   le   Il ve- noit à ce peuple heureux ordon- ner de l'aimer d'une amour é-ter- nelle.

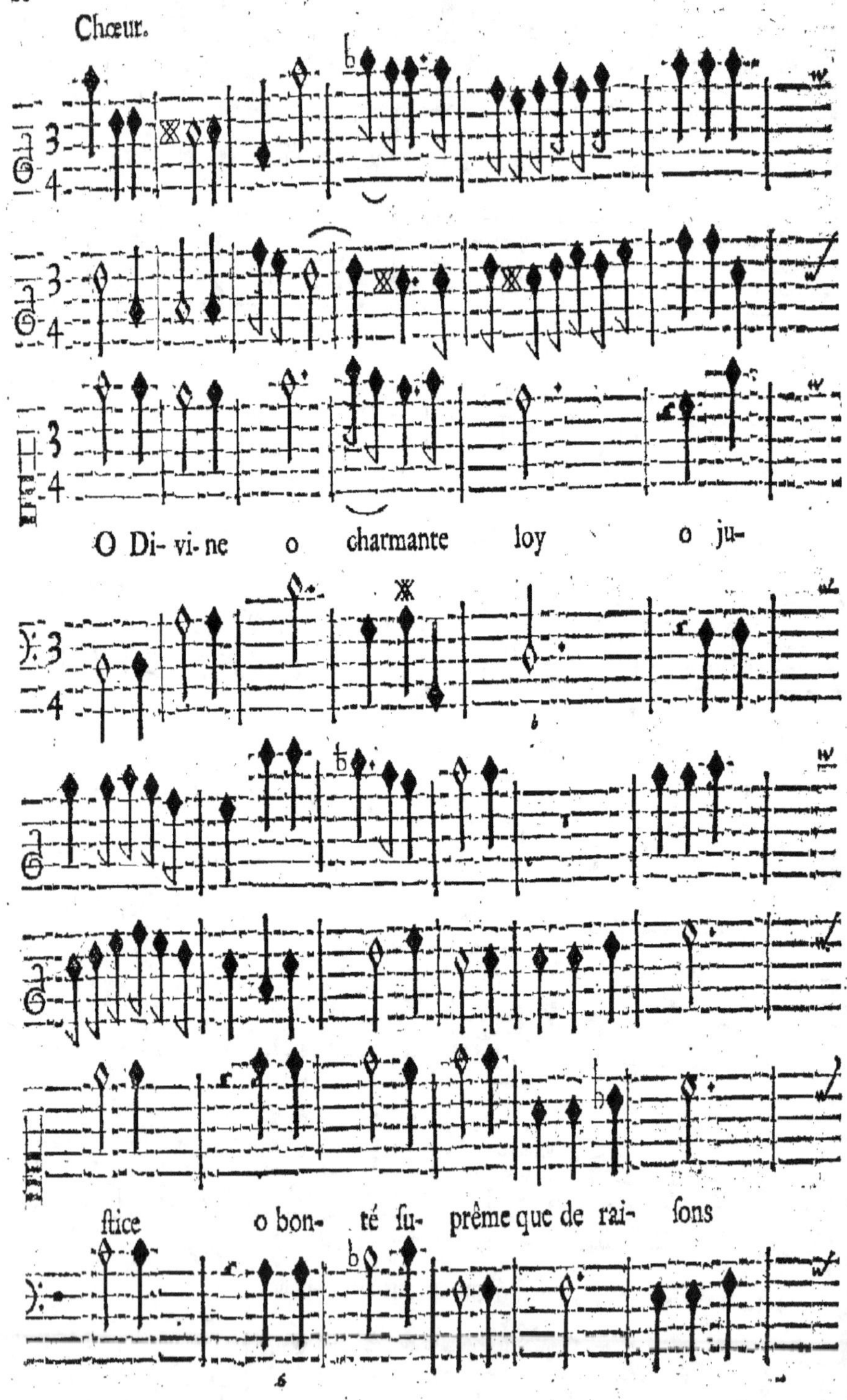

Chœur.
O Di- vi- ne   o   charmante   loy   o justice   o bon- té su- prême que de rai-   sons

quelle douceur extrême d'en- ga- ger à ce Dieu son Amour & sa
foy   o di- vi- ne o charman- te Loy.

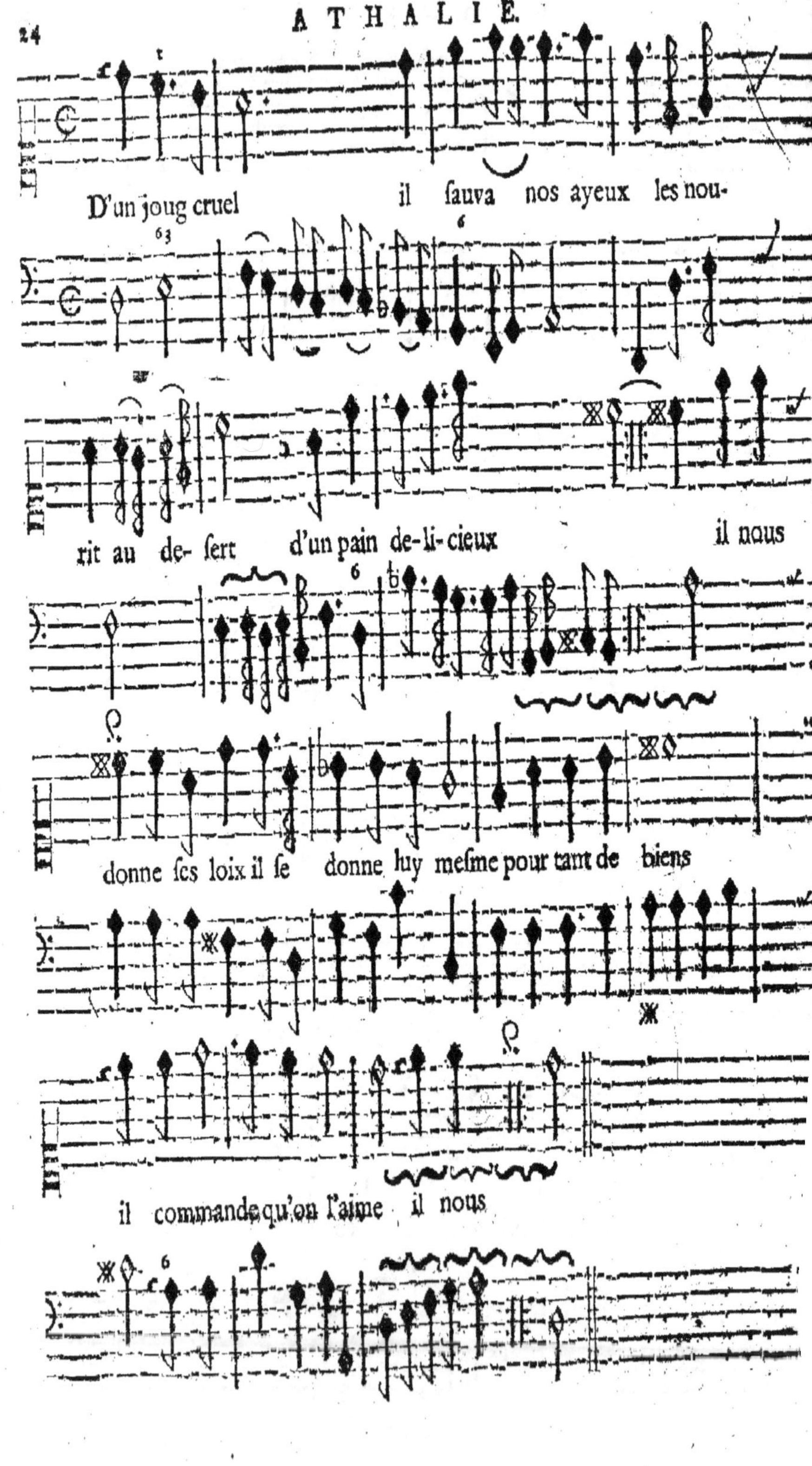

D'un joug cruel il sauva nos ayeux les nou-
rit au de-sert d'un pain de-li-cieux il nous
donne ses loix il se donne luy mesme pour tant de biens
il commande qu'on l'aime il nous

O ju- sti- ce o bonté suprê- me
Des mers pour eux il entr'ou- vrit les eaux, D'un a-
ri- de ro- cher fit sor- tir des ruis- seaux il nous
D

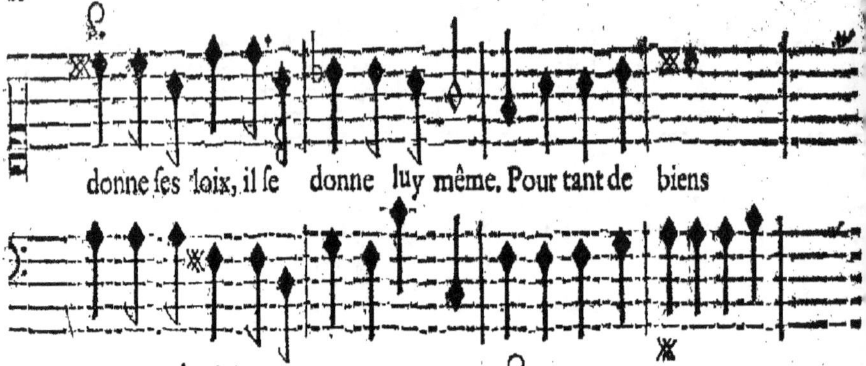

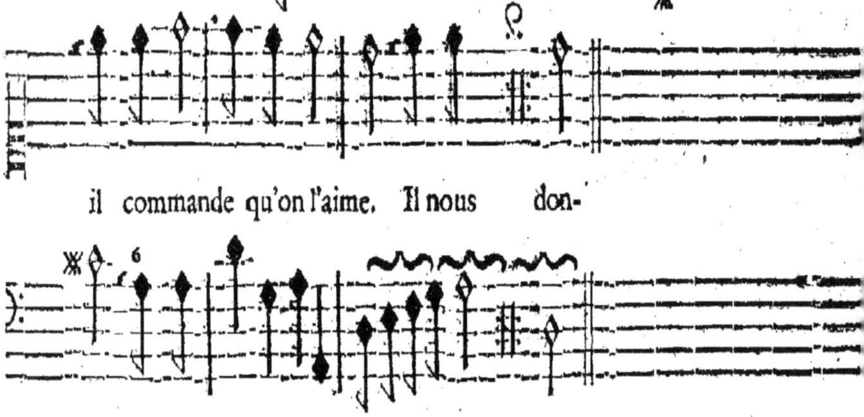

On repete le Choeur, o divine o charmante Loy.

Une autre Voix.

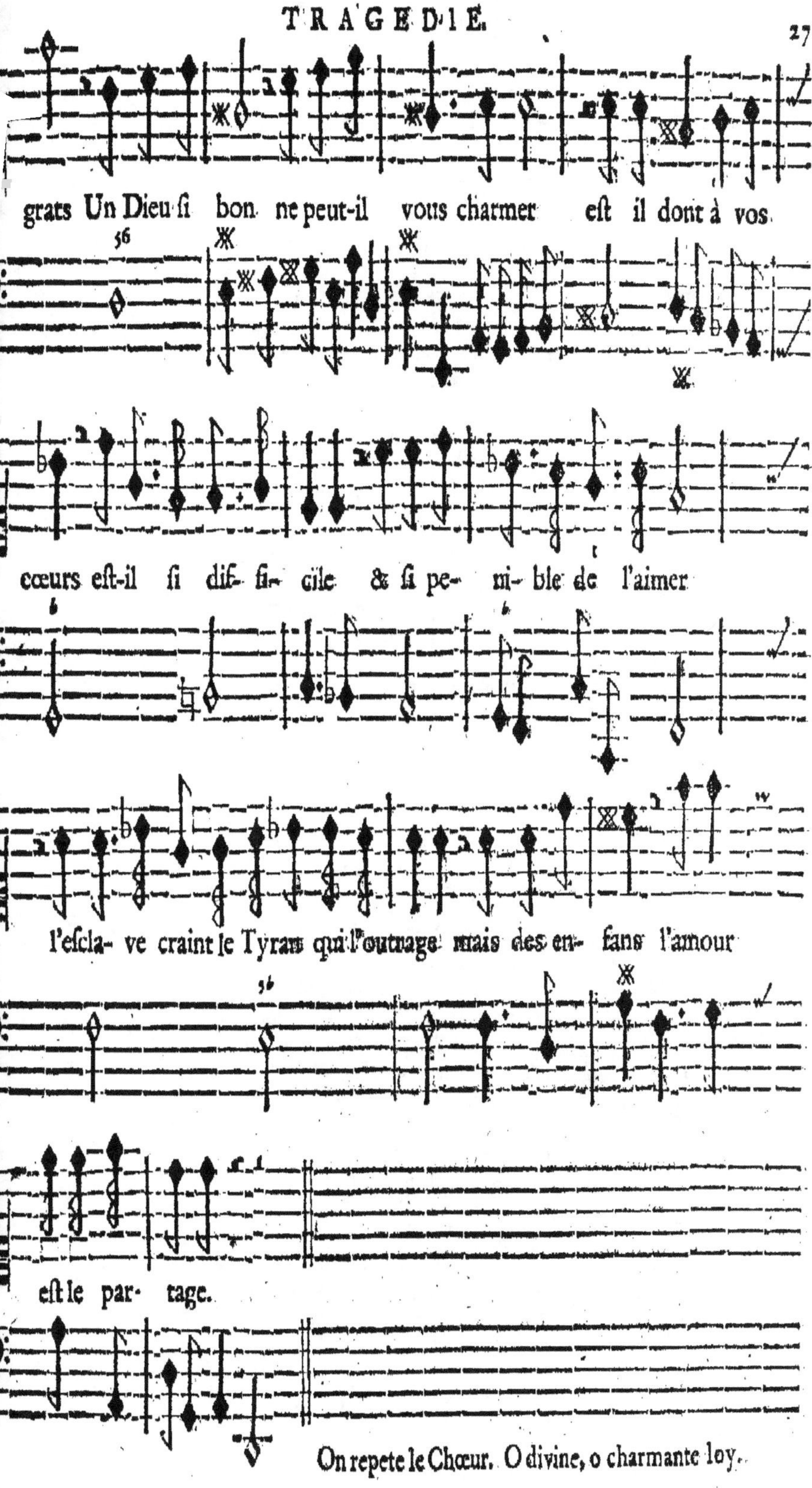

On repete le Chœur. O divine, o charmante loy.

A C T E   II.

S C E N E   P R E M I E R E.

IOSABET, SALOMITH, LE CHOEUR.
JOSABET.

Mes filles, c'est assez, suspendez vos cantiques.
Il est temps de nous joindre aux prieres publiques.
Voicy nostre heure. Allons celebrer ce grand jour,
Et devant le Seigneur paroistre à nostre tour.

S C E N E   II.

ZACHARIE, IOSABET, SALOMITH,
LE CHOEUR.
JOSABET.

Mais qué vois-je? Mon fils, quel sujet vous rameine?
Où courez-vous ainsi tout pâle & hors d'haleine ?
ZACHARIE.

O ma Mere.
JOSABET.

He bien, quoy ?
ZACHARIE.

Le Temple est profané.
IOSABET.

Comment?
ZACHARIE.

Et du Seigneur l'Autel abandonné.
IOSABET.

Je tremble. Hastez-vous d'éclaircir vostre mere.
ZACHARIE.

Deja, selon la loy, le grand prestre mon pere:
Aprés avoir au Dieu qui nourrit les humains
De la moisson nouvelle offert les premiers pains,
Luy presentoit encore entre ses mains sanglantes
Des victimes paix les entrailles fumantes.
Debout à ses costez se jeune Eliacin
Comme moy le servoit en long habit de lin,
Et cependant, du sang de la chair immolée
Les Prestres arrosoient l'Autel & l'assemblée,
Un bruit confus s'éleve, & du peuple surpris
Détourne tout à coup les yeux & les esprits.
Une Femme... Peut on la nommer sans blasphême?
Une Femme... C'estoit Athalie elle-même.
IOSABET.

Ciel!

ZACHARIE,

Dans un des parvis aux hommes reſervé
Cette Femme ſuperbe entre le front levé,
Et ſe préparoit même à paſſer les limites
De l'enceinte ſacrée ouverte aux ſeuls Levités.
Le peuple s'épouvante & fuit de toutes parts.
Mon pere... Ah quel courroux animoit ſes regards !
Moiſe à Pharaon parut moins formidable.
Reine, ſors, a-t-il dit, de ce lieu redoutable,
D'où te bannit ton ſexe & ton impiété.
Viens-tu du Dieu vivant braver la majeſté ?
La Reine alors ſur luy jettant un œil farouche
Pour blaſphémer ſans doute ouvroit déja la bouche.
J'ignore ſi de Dieu l'Ange ſe dévoilant
Eſt venu luy montrer un glave étincelant.
Mais ſa langue en ſa bouche à l'inſtant s'eſt glacée,
Et toute ſon audace a paru terraſſée.
Ses yeux comme effrayez n'oſoient ſe détourner.
Sur tout Eliacin paroiſſoit l'étonner.

IOSABET

Quoy donc ? Eliacin a paru devant elle ?

ZACHARIE.

Nous regardions tous deux cette Reine cruelle.
Et d'une égale horreur nos cœurs eſtoient frappez.
Mais les Preſtres bien-toſt nous ont enveloppez.
On nous a fait ſortir. J'ignore tout le reſte,
Et venois vous conter ce deſordre funeſte.

IOSABET.

Ah ! de nos bras ſans doute elle vient l'arracher ;
Et c'eſt luy qu'à l'Autel ſa fureur vient chercher.
Peut-eſtre en ce moment l'objet de tant de larmes...
Souvien-toy de David, Dieu, qui vois mes allarmes !

SALOMITH.

Quel eſt-il cet objet des pleurs que vous verſez ?

ZACHARIE.

Les jours d'Eliacin ſeroient-ils menacez ?

SALOMITH.

Auroit-il de la Reine attiré la colere ?

ZACHARIE.

Que craint-on d'un enfant ſans ſupport, & ſans pere ?

IOSABET.

Ah, la voicy. Sortons. Il la faut éviter.

ATHALIE.
SCENE III.

ATHALIE, AGAR, ABNER,
Suite d'Athalie.
AGAR.

MAdame dans ces lieux pourquoy vous arrester?
Icy tous les objets vous bleffent, vous irritent.
Abandonnez ce Temple aux Preftres qui l'habitent.
Fuyez tout ce tumulte, & dans voftre Palais
A vos fens agitez venez rendre la paix.
ATHALIE.
Non, je ne puis, tu vois mon trouble, & ma foibleffe.
Va, fay dire à Mathan qu'il vienne, qu'il fe preffe,
Heureufe, fi je puis trouver par fon fecours
Cette paix que je cherche, & qui me fuit toûjours.*

SCENE IV.

ATHALIE, ABNER, &c.

ABNER

MAdame, pardonnez fi j'ofe le défendre,
Le zele de Joad n'a point dû vous furprendre,
Du Dieu que nous fervons tel eft l'ordre éternel.
Luy-même il nous traça fon Temple & fon Autel,
Aux feuls enfans d'Aaron comme fes facrifices,
Aux Levites marqua leur place & leurs offices,
Et fur tout defendit à leur pofterité
Avec tout autre Dieu toute focieté.
He quoy! Vous de nos Rois & la femme & la mere.
Eftes-vous à ce point parmi nous étrangere?
Ignorez - vous nos loix? Et faut-il qu'aujourd'huy....
Voicy voftre Mathan, je vous laiffe avec luy.
ATHALIE.
Voftre prefence, Abner, eft icy neceffaire.
Laiffons-là de Joad l'audace temeraire,
Et tout ce vain amas de fuperftitions,
Qui ferment voftre Temple aux autres Nations,
Un fujet plus preffant excite mes allarmes.
Je fçay que dés l'enfance élevé dans les armes,
Abner a le cœur noble, & qu'il rend à la fois
Ce qu'il doit à fon Dieu, ce qu'il doit à fes Rois.
Demeurez.

*Elle s'affied.

SCENE V.

MATHAN, ATHALIE, ABNER, &c.

MATHAN.

G Rande Reine, est-ce icy vostre place?
Quel trouble vous agite, & quel effroy vous glace?
Parmi vos ennemis que venez-vous chercher?
De ce Temple profane osez-vous approcher?
Avez-vous dépouillé cette haine si vive...

ATHALIE.

Prestez-moy l'un & l'autre une oreille attentive.
    Je ne veux point icy rappeller le passé,
Ny vous rendre raison du sang que j'ay versé.
Ce que j'ay fait, Abner, j'ay crû le devoir faire.
Je ne prens point pour juge un peuple temeraire.
Quoy que son insolence ait osé publier,
Le Ciel même a pris soin de me justifier,
Sur d'éclatans succez ma puissance établie
A fait jusqu'aux deux Mers respecter Athalie.
Par moy Jerusalem gouste un calme profond.
Le Jourdain ne voit plus l'Arabe vagabond,
Ny l'altier Philistin, par d'éternels ravages,
Comme au temps de vos Rois, desoler ses rivages.
Le Syrien me traitte & de Reine & de Sœur.
Enfin de ma Maison le perfide Oppresseur,
Qui devoit jusqu'à moy pousser la barbarie,
Jehu, le fier Jehu tremble dans Samarie
De toutes parts pressé par un puissant Voisin
Que j'ay sceu soûlever contre cét Assassin,
Il me laisse en ces lieux souveraine maistresse.
Ie joüissois en paix du fruit de ma sagesse,
Mais un trouble importun vient depuis quelques jours
De mes prosperitez interrompre le cours.
Un songe (Me devrois-je inquieter d'un songe?)
Entretient dans mon cœur un chagrin qui le ronge,
Ie l'évite partout, partout il me poursuit.
C'estoit pendant l'horreur d'une profonde nuit.
Ma mere Jézabel devant moy s'est montrée,
Comme au jour de sa mort pompeusement parée.
Ses malheurs n'avoient point abattu sa fierté,
Même elle avoit encor cét éclat emprunté,
Dont elle eut soin de peindre & d'orner son visage,
Pour réparer des ans l'irréparable outrage.
Tremble m'a-t-elle dit, fille digne de moy.
Le cruel Dieu des Iuifs l'emporte aussi sur toy.

Je te plains de tomber dans ſes mains redoutables,
Ma fille. En achevant ces mots épouvantables,
Son Ombre vers mon lit a paru ſe baiſſer,
Et moy, je luy tendois les mains pour l'embraſſer.
Mais je n'ay plus trouvé qu'un horrible mélange.
D'os & de chair meurtris, & traiſnez dans la fange,
Des lambeaux pleins de ſang, & des membres affreux,
Que des chiens devorans ſe diſputoient entre eux.

ABNER.

Grand Dieu !

ATHALIE.

Dans ce deſordre à mes yeux ſe préſente
Un jeune Enfant couvert d'une robbe éclatante,
Tels qu'on voit des Hébreux les Preſtres reveſtus.
Sa veuë a ranimé mes eſprits abbattus.
Mais lors que revenant de mon trouble funeſte,
J'admirois ſa douceur, ſon air noble & modeſte,
J'ay ſenti tout à coup un homicide acier,
Que le traiſtre en mon ſein a plongé tout entier.
De tant d'objets divers le bizarre aſſemblage
Peut eſtre du hazard vous paroiſt un ouvrage.
Moy même quelque temps honteuſe de ma peur
Je l'ay pris pour l'effet d'une ſombre vapeur.
Mais de ce ſouvenir mon ame poſſedée
A deux fois en dormant reveu la même idée.
Deux fois mes triſtes yeux ſe ſont veu retracer
Ce même Enfant toûjours tout preſt à me percer.
Laſſe enfin des horreurs dont j'eſtois pourſuivie
J'allois prier Baal de veiller ſur ma vie,
Et chercher du repos au pié de ſes Autels.
Que ne peut la frayeur ſur l'eſprit des mortels !
Dans le Temple des Juifs un inſtinct m'a pouſſée,
Et d'appaiſer leur Dieu j'ay conceu la penſée.
J'ay cru que des préſens calmeroient ſon courroux,
Que ce Dieu, quel qu'il ſoit, en deviendroit plus doux.
Pontife de Baal, excuſez ma foibleſſe.
J'entre. Le peuple fuit. Le ſacrifice ceſſe.
Le grand Preſtre vers moy s'avance avec fureur.
Pendant qu'il me parloit, ô ſurpriſe ! ô terreur !
J'ay veu ce même Enfant dont je ſuis menacée,
Tel qu'un ſonge effrayant l'a peint à ma penſée.
Je l'ay veu. Son même air, ſon même habit de lin,
Sa démarche, ſes yeux, & tous ſes traits enfin.
C'eſt luy-même. Il marchoit à coſté du grand Preſtre.
Mais bien-toſt à ma veuë on l'a fait diſparaiſtre.
Voilà quel trouble icy m'oblige à m'arreſter ;
Et ſurquoy j'ay voulu tous deux vous conſulter.
Que préſage, Mathan, ce prodige incroyable ?

MATHAN.

Ce fonge, & ce rapport, tout me femble effroyable.

ATHALIE.

Mais cét Enfant fatal, Abner, vous l'avez vû.
Quel eft-il ? De quel fang ? Et de quelle Tribu ?

ABNER.

Deux Enfans à l'Autel preftoient leur miniftére.
L'un eft fils de Joad', Jofabet eft fa mere.
L'autre m'eft inconnu.

MATHAN.

Pourquoy déliberer ?
De tous les deux, Madame, il fe faut affurer.
Vous fçavez pour Joad mes égards, mes mefures,
Que je ne cherche point à vanger mes injures,
Que la feule équité regne en tous mes avis
Mais luy-même aprés tout, fuft-ce fon propre fils,
Voudroit-il un moment laiffer vivre un coupable ?

ABNER.

De quel crime un enfant peut il eftre capable ?

MATHAN.

Le Ciel nous le fait voir un poignard à la main.
Le Ciel eft jufte & fage & ne fait rien en vain.
Que cherchez-vous de plus ?

ABNER.

Mais fur la foy d'un fonge
Dans le fang d'un enfant voulez-vous qu'on fe plonge ?
Vous ne fçavez encor de quel pere il eft né,
Quel il eft.

MATHAN.

On le craint, tout eft examiné.
A d'illuftres parens s'il doit fon origine,
La fplendeur de fon fort doit hafter fa ruïne.
Dans le vulgaire obfcur fi le fort l'a placé,
Qu'importe qu'au hazard un fang vil foit verfé ?
Eft-ce aux Rois à garder cette lente juftice ;
Leur feureté fouvent dépend d'un promt fupplice.
N'allons point les gefner d'un foin embarraffant.
Dés qu'on leur eft fufpect on n'eft plus innocent.

ABNER.

Hé quoy, Mathan ? d'un Preftre eft-ce là le langage ?
Moy, nourri dans la guerre aux horreurs du carnage,
Des vangeances des Rois miniftre rigoureux,
C'eft moy qui prefte icy ma voix au Malheureux,
Et vous, qui luy devez des entrailles de pere,
Vous, miniftre de paix dans les temps de colere,
Couvrant d'un zele faux voftre reffentiment,
Le fang à voftre gré coule trop lentement ?
Vous m'avez commandé de vous parler fans feinte,

E

Ma-

ATHALIE

Madame. Quel est donc ce grand sujet de crainte?
Un songe, un foible Enfant, que vostre œil prévenu
Peut-estre sans raison croit avoir reconnu.

ATHALIE.

Je le veux croire, Abner. Je puis m'estre trompée.
Peut-estre un songe vain m'a trop préoccupée.
He bien? Il faut revoir cet Enfant de plus prés,
Il en faut à loisir examiner les traits.
Qu'on les fasse tous deux paroistre en ma présence.

ABNER.

Je crains…

ATHALIE.

Manqueroit on pour moy de complaisance?
De ce refus bizarre où seroient les raisons?
Il pourroit me jetter en d'étranges soupçons?
Que Josabet, vous dis-je ou Joad les ameine.
Je puis, quand je voudray, parler en Souveraine.
Vos Prestres, je veux bien, Abner, vous l'avoüer,
Des bontez d'Athalie ont lieu de se loüer
Je sçay sur ma conduite & contre ma puissance
Jusqu'où de leurs discours ils portent la licence.
Ils vivent cependant, & leur Temple est débout,
Mais je sens que bien-tost ma douceur est à bout.
Que Joad mette un frein à son zele sauvage.
Et ne m'irrite point par un second outrage.
Allez.

SCENE VI.

ATHALIE, MATHAN, &c.

MATHAN.

Enfin je puis parler en liberté
Je puis dans tout son jour mettre la verité.
Quelque Monstre naissant dans ce temple s'éleve,
Reine. N'attendez pas que le nüage créve.
Abner chez le grand Prestre a devancé le jour.
Pour le sang de ses Rois vous sçavez son amour.
Et qui sçait si Joad ne veut point en leur place
Substituer l'Enfant dont le Ciel vous menace,
Soit son Fils, soit quelque autre…

ATHALIE.

Ouy, vous m'ouvrez les yeux
Je commence à voir clair dans cet avis des Cieux.
Mais je veux de mon doute estre debarrassée

Un enfant est peu propre à trahir sa pensée.
Souvent d'un grand dessein un mot nous fait juger,
Laissez-moy, cher Mathan, le voir, l'interroger.
Vous cependant allez, & sans jetter d'allarmes.
A tous mes Tyriens faites prendre les armes.

SCENE VII.

JOAS, JOSABET, ATHALIE, ZACHARIE, ABNER,
SALOMITH, DEUX LEVITES, LE CHOEUR, &c.

JOSABET *aux deux Lévites.*
O Vous, sur ses enfans si chers, si précieux,
Ministres du Seigneur, ayez toûjours les yeux.
ABNER *à Josabet.*
Princesse, assurez-vous, je les prens sous ma garde.
ATHALIE.
O Ciel ! plus j'examine & plus je le regarde,
C'est luy. D'horreur encor tous mes sens sont saisis.
Espouse de Joad, est-ce là vostre Fils ?
JOSABET.
Qui ? luy, Madame ?
ATHALIE.
Luy.
JOSABET.
Je ne suis point sa mere.
Voilà, mon Fils.
ATHALIE.
Et vous, quel est donc vostre pere ?
Jeune Enfant, répondez.
JOSABET.
Le Ciel jusqu'aujourd'huy...
ATHALIE.
Pourquoy vous pressez-vous de répondre pour luy ?
C'est à luy de parler.
IOSABET.
Dans un âge si tendre
Quel éclaircissement en pouvez-vous attendre ?
ATHALIE.
Cét âge est innocent. Son ingenuité
N'altere point encor la simple Verité.
Laissez-le s'expliquer sur tout ce qui le touche.
IOSABET *tout bas.*
Daigne mettre, grand Dieu, ta sagesse en sa bouche.
ATHALIE.
Comment vous nommez-vous ?

J'ay

ATHALIE.

IOAS.

J'ay nom Eliacin.

ATHALIE.

Voftre Pere?

IOAS.

Je fuis, dit-on, un orphelin
Entre les bras de Dieu jetté dés ma naiffance,
Et qui de mes parens n'eus jamais connoiffance.

ATHALIE.

Vous eftes fans parens?

IOAS.

Ils m'ont abandonné.

ATHALIE.

Comment? Et depuis quand?

IOAS.

Depuis que je fuis né.

ATHALIE.

Ne fçait-on pas au moins quel païs eft le voftre?

IOAS.

Ce Temple eft mon païs, je n'en connois point d'autre.

ATHALIE.

Où dit-on que le fort vous a fait rencontrer?

IOAS.

Parmy des loups cruels prefts à me devorer.

ATHALIE.

Qui vous mit dans ce Temple?

IOAS.

Une femme inconnuë,
Qui ne dît point fon nom, & qu'on na point reveuë.

ATHALIE.

Mais de vos premiers ans quelles mains ont pris foin?

IOAS.

Dieu laiffa-t-il jamais fes enfans au befoin?
Aux petits des oifeaux il donne leur pafture,
Et fa bonté s'étend fur toute la nature.
Tous les jours je l'invoque, & d'un foin paternel
Il me nourrit des dons offerts fur fon Autel.

ATHALIE.

Quel prodige nouveau me trouble & m'embarraffe?
La douceur de fa voix, fon enfance, fa grace,
Font infenfiblement à mon inimitié
Succeder.... Je ferois fenfible à la pitié?

ABNER.

Madame, voilà donc cét ennemi terrible.
De vos fongez menteûrs l'impofture eft vifible,
A moins que la pitié, qui femble vous troubler,
Ne foit ce coup fatal qui vous faifoit trembler.

ATHALIE *à Joas & à Josabet.*

Vous sortez?

IOSABET.
Vous avez entendu sa fortune.
Sa présence à la fin pourroit estre importune.

ATHALIE.
Non. Revenez. Quel est tous les jours vostre employ?

IOAS.
J'adore le Seigneur. On m'explique sa Loy.
Dans son Livre divin on m'apprend à la lire,
Et déja de ma main je commence à l'écrire.

ATHALIE.
Que vous dit cette Loy?

IOAS.
Que Dieu veut estre aimé,
Qu'il vange tost ou tard son saint Nom blasphémé,
Qu'il est le défenseur de l'Orphelin timide,
Qu'il resiste au Superbe, & punit l'Homicide.

ATHALIE.
J'entens. Mais tout ce peuple enfermé dans ce lieu,
A quoy s'occupe t-il?

IOAS.
Illoüe, il benit Dieu.

ATHALIE.
Dieu veut-il qu'à toute heure on prie, on le contemple?

IOAS
Tout profane exercice est banni de son Temple.

ATHALIE.
Quels sont donc vos plaisirs?

IOAS.
Quelquefois à l'Autel
Je présente au grand Prestre ou l'encens, ou le sel.
J'entens chanter de Dieu les grandeurs infinies.
Je voy l'ordre pompeux de ses céremonies.

ATHALIE.
Hé quoy? Vous n'avez point de passe temps plus doux?
Je plains le triste sort d'un Enfant tel que vous.
Venez dans mon Palais, vous y verrez ma gloire.

IOAS.
Moy des bienfaits de Dieu je perdrois la memoire?

ATHALIE.
Non, je ne vous veux pas contraindre à l'oublier.

IOAS.
Vous ne le priez point.

ATHALIE.
Vous pourrez le prier.

IOAS.

Je verrois cependant en invoquer un autre?

ATHALIE.

J'ay mon Dieu que je sers. Vous servirez le vostre.
Ce sont deux puissans Dieux.

IOAS.

Il faut craindre le mien,
Lui seul est Dieu, Madame, & le vostre n'est rien.

ATHALIE.

Les plaisirs prés de moy vous chercheront en foule.

IOAS.

Le bonheur des Méchans comme un torrent s'écoule.

ATHALIE.

Ces Méchans, qui sont ils?

IOSABET.

Hé, Madame! Excusez

Un Enfant…

ATHALIE à *Josabet*.

J'aime à voir comme vous l'instruisez.
Enfin; Eliacin, vous avez sceu me plaire.
Vous n'estes point sans doute un Enfant ordinaire.
Vous voyez, je suis Reine, & n'ay point d'heritier.
Laissez-là cet habit, quittez ce vil mestier.
Ie veux vous faire part de toutes mes richesses.
Essayez dés ce jour l'effet de mes promesses.
A ma table, partout, à mes costez assis,
Je prétens vous traitter comme mon propre fils.

IOAS.

Comme vostre fils?

ATHALIE.

Ouy. Vous vous taisez?

IOAS.

Quel Pere

Je quitterois! Et pour…

ATHALIE.

He bien?

IOAS.

Pour quelle Mere!

ATHALIE à *Josabet*.

Sa memoire est fidelle, & dans tout ce qu'il dit
De vous & de Joad je reconnois l'esprit.
Voila comme infectant cette simple jeunesse
Vous employez tous deux le calme où je vous laisse.
Vous cultivez déja leur haine & leur fureur.
Vous ne leur prononcez mon nom qu'avec horreur.

JOSABET.

Peut-on de nos malheurs leur derober l'histoire?

Tout

Tout l'Univers les sçait. Vous-même en faites gloire.
ATHALIE.
Ouy , ma juste fureur , & j'en fais vanité ,
A vangé mes Parens sur ma posterité.
J'aurois veu massacrer & mon Pere , & mon Frere ,
Du haut de son Palais précipiter ma Mere ,
Et dans un même jour égorger à la fois ,
Quel spectacle d'horreur ; quatre-vingt fils de Rois ?
Et pourquoy ? Pour vanger je ne sçai quels Prophetes,
Dont elle avoit puni les fureurs indiscretes
Et moy , Reine sans cœur , Fille sans amitié ,
Esclave d'une lasche & frivole pitié ,
Je n'aurois pas du moins à cette aveugle rage
Rendu meurtre pour meurtre , outrage pour outrage ,
Et de vostre David traitté tous les neveux ,
Comme on traittoit d'Achab les restes malheureux ?
Où serois-je aujourd'huy , si domtant ma foiblesse !
Ie n'eusse d'une Mere estouffé la tendresse,
Si de mon propre sang ma main versant des flots
N'eust par ce coup hardi reprimé vous complots ?
Enfin, de vostre Dieu l'implacable vangeance
Entre nos deux Maisons rompit toute alliance.
David m'est en horreur , & les fils de ce Roy
Quoy que nez de mon sang, sont estrangers pour moy.
IOSABET.
Tout vous a réussi ; Que Dieu voye , & nous juge,
ATHALIE.
Ce Dieu depuis long-temps vostre unique refuge ,
Que deviendra l'effet de ses predictions ;
Qu'il vous donne ce Roy promis aux Nations ,
Cét enfant de David , vostre espoir , vostre attente.
Mais nous nous reverrons. Adieu, je sors contente.
I'ay voulu voir, j'ay veu.
ABNER à *Josabet*.
Ie vous l'avois promis.
Ie vous rens le dépost que vous m'avez commis.

SCE-

S C E N E   VIII.

IOAD, IOSABET, IOAS, ZACHARIE,
ABNER, SALOMITH, LEVITES,
LE CHOEUR.

J O S A B E T, *à Joad*

Avez-vous entendu cette superbe Reine,
Seigneur?

I O A D.

          J'entendois tout, & plaignois voftre peine.
Ces Lévites & moy prefts à vous fecourir
Nous eftions avec vous refolus de perir.
Que Dieu vielle fur vous, * Enfant, dont le courage
Vient de rendre à fon nom ce noble témoignage,
Ie reconnois, Abner, ce fervice important.
Souvenez-vous de l'heure où Ioad vous attend.
Et nous, dont cette Femme impie & meurtriere
A fouillé les regards & troublé la priere,
Rentrons,. & qu'un fang pur par mes mains épanché
Lave jufques au marbre où fes pas ont touché.

S C E N E   IX.

LE CHOEUR.

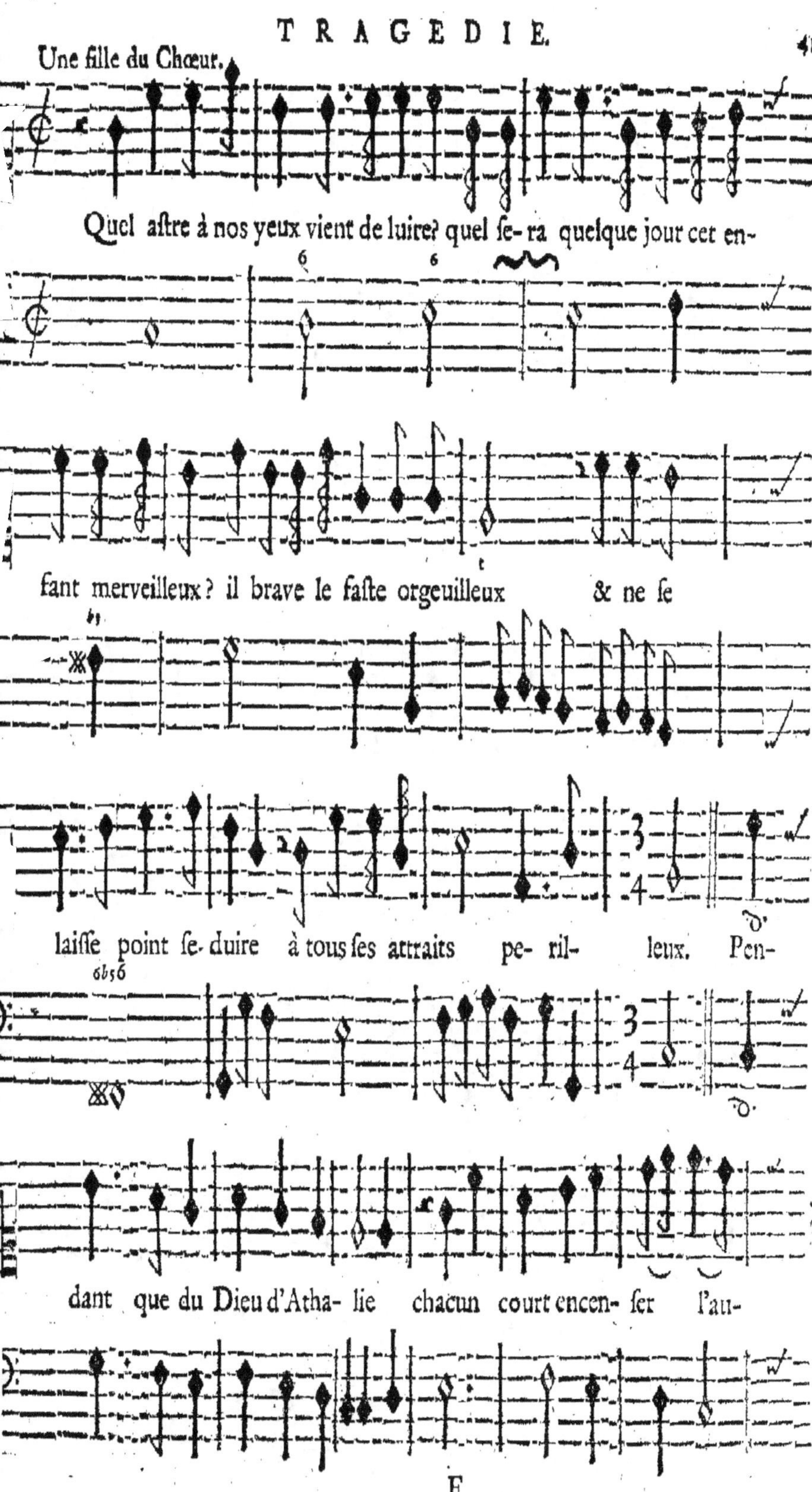

Une fille du Chœur.
Quel aftre à nos yeux vient de luire? quel fe-ra quelque jour cet enfant merveilleux? il brave le fafte orgueilleux & ne fe
laiffe point fe-duire à tous fes attraits pe-ril-leux. Pendant que du Dieu d'Atha-lie chacun court encen-fer l'au-

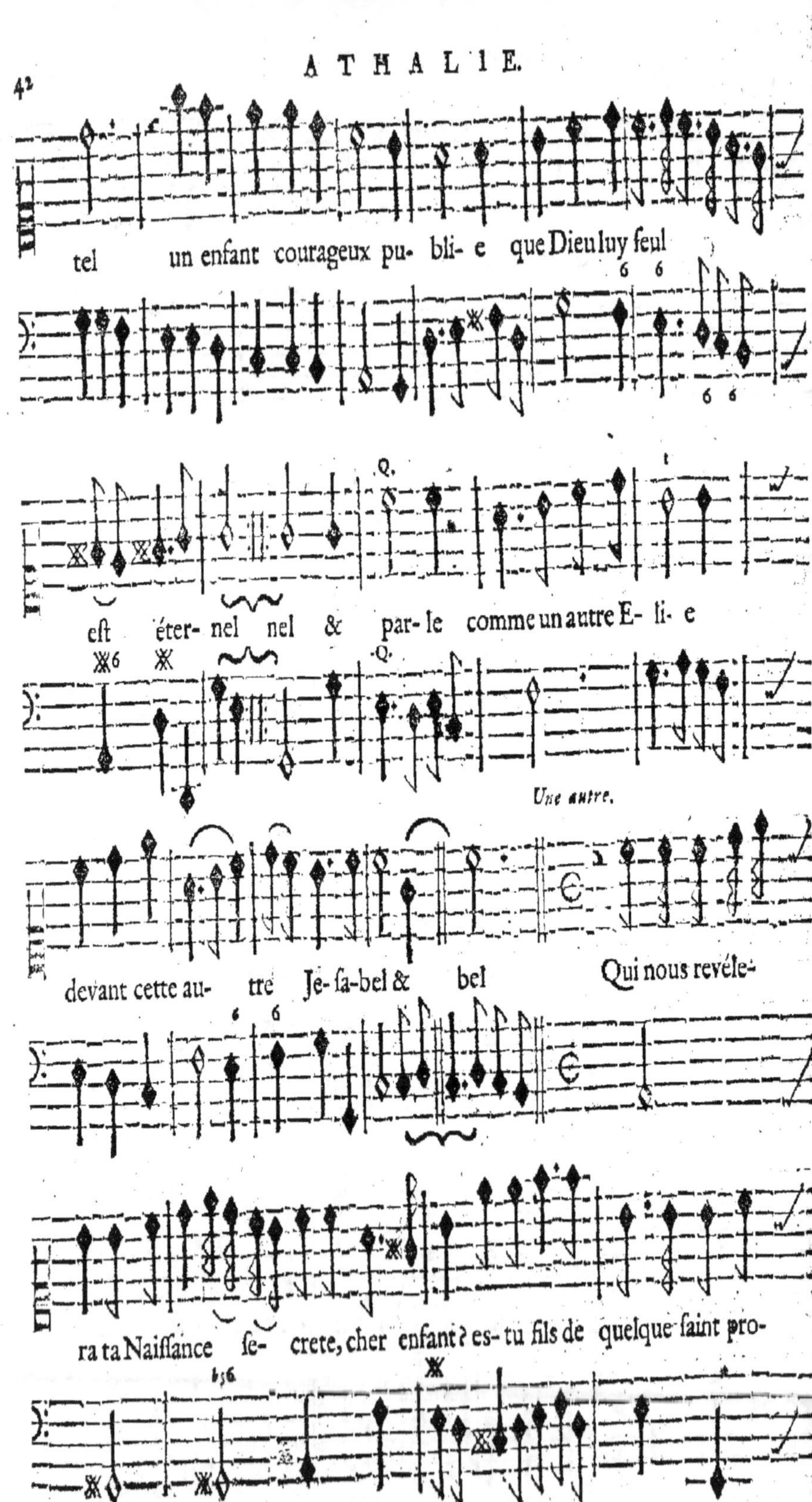
tel un enfant courageux pu- bli- e que Dieu luy seul
est éter- nel nel & par- le comme un autre E- li- e
Une autre.
devant cette au- tre Je- sa-bel & bel Qui nous revéle-
ra ta Naissance se- crete, cher enfant? es- tu fils de quelque saint pro-

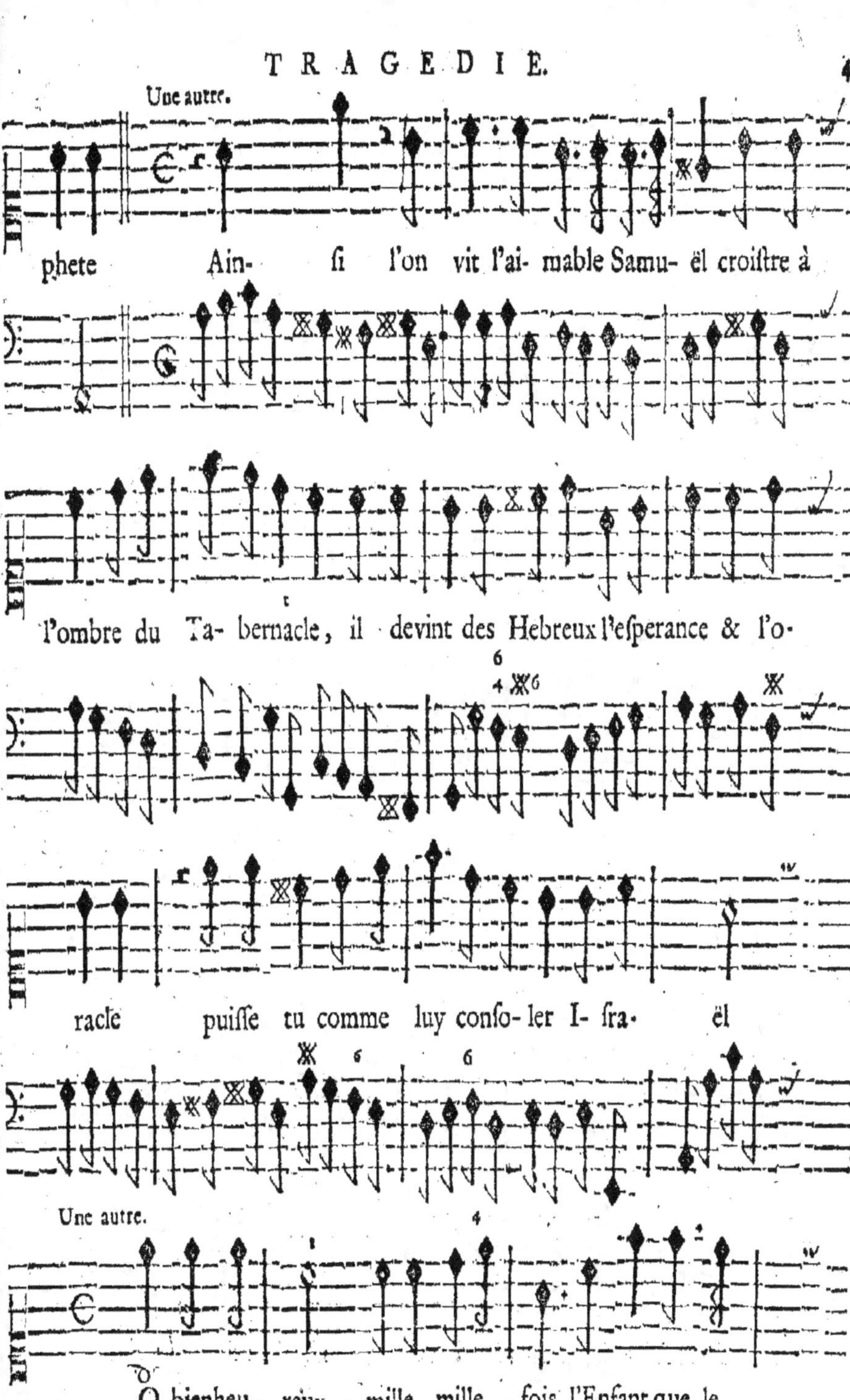
Une autre.
phete   Ain-   fi   l'on vit l'ai- mable Samu- ël croiftre à
l'ombre du Ta- bernacle, il devint des Hebreux l'efperance & l'o-
racle   puiffe tu comme luy confo- ler I- fra-   ël
Une autre.
O bienheu- -reux mille mille fois l'Enfant que le

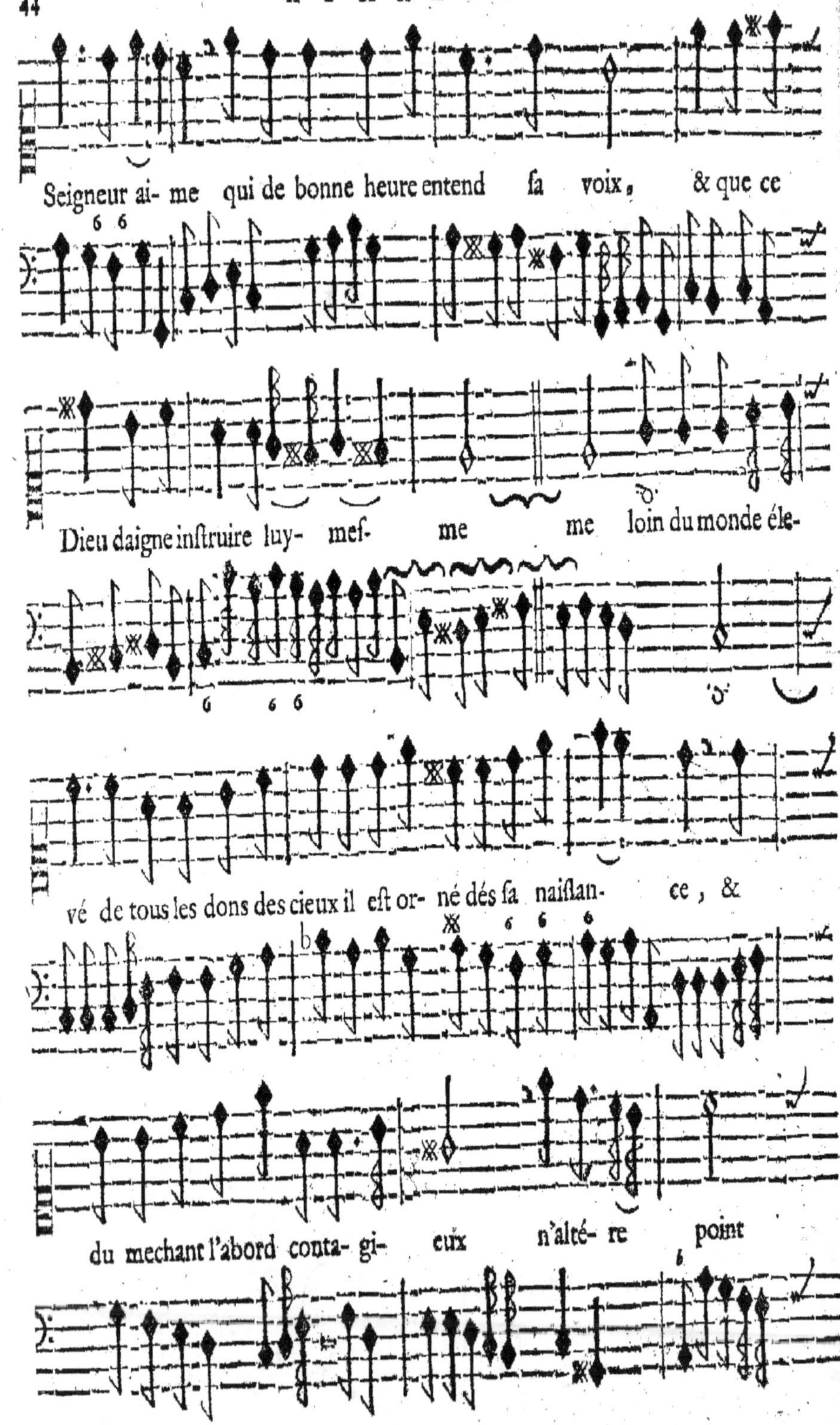
Seigneur ai- me qui de bonne heure entend sa voix, & que ce
Dieu daigne instruire luy- mes- me me loin du monde élevé de tous les dons des cieux il est or- né dés sa naislan- ce , &
du mechant l'abord conta- gi- eux n'alté- re point

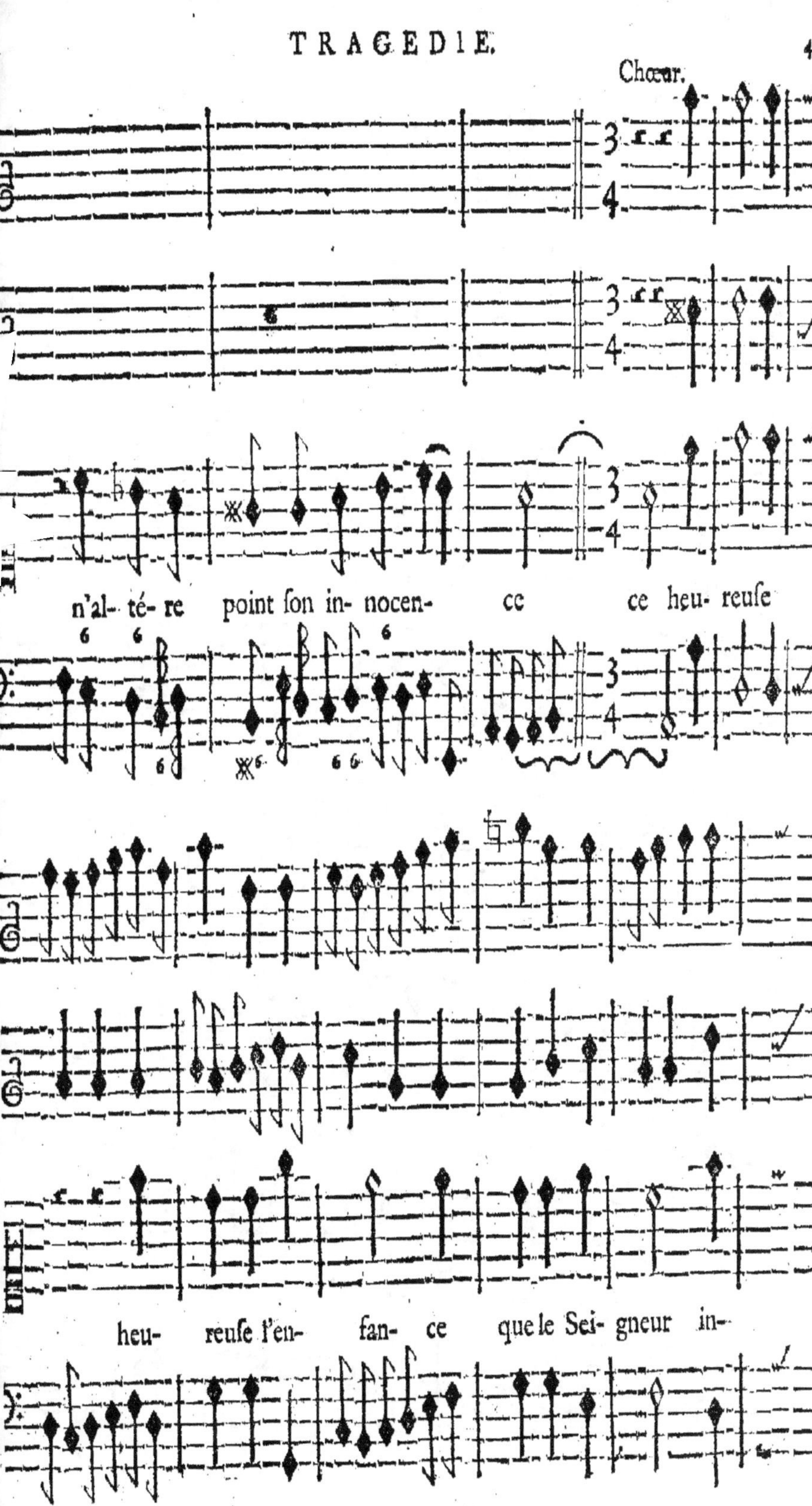
Chœur.
n'al- té- re point son in- nocen- ce ce heu- reufe
heu- reufe l'en- fan- ce que le Sei- gneur in-

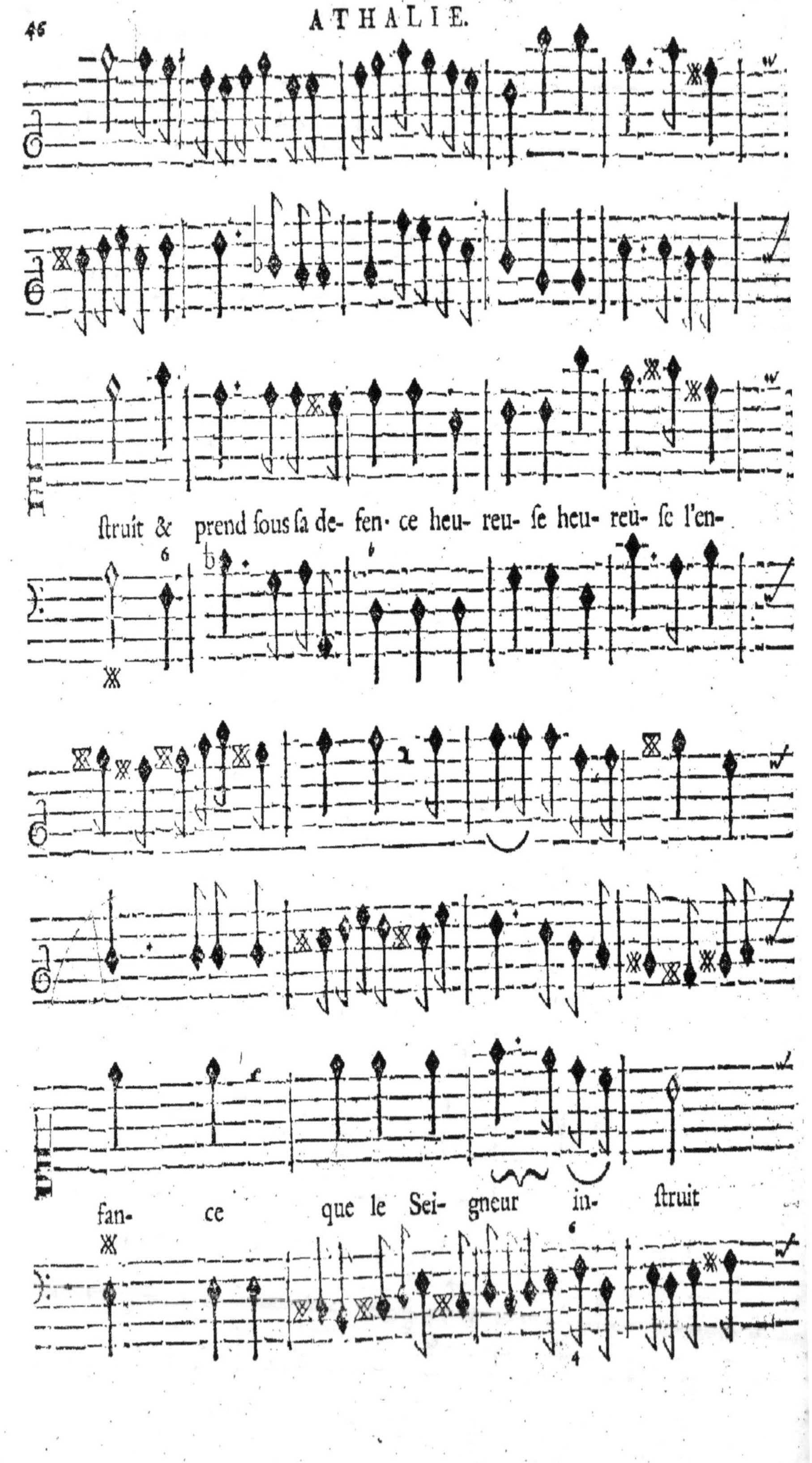
ftruit & prend fous fa de- fen- ce heu- reu- fe heu- reu- fe l'en-
fan- ce que le Sei- gneur in- ftruit

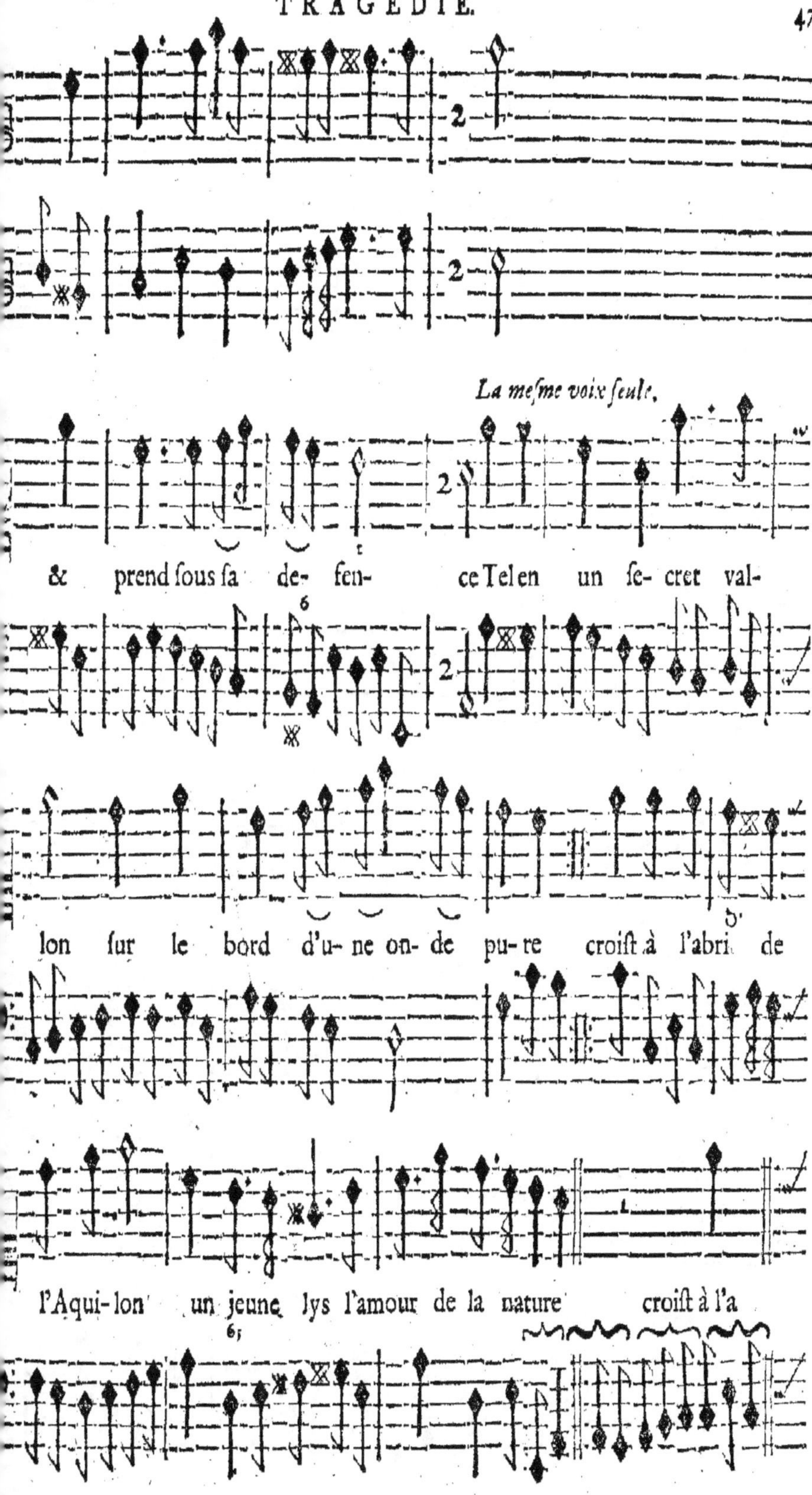
La me{me voix feule.
& prend fous fa de- fen- ce Tel en un fe- cret val-
lon fur le bord d'u- ne on- de pu- re croiſt à l'abri de
l'Aqui-lon un jeune lys l'amour de la nature croiſt à l'a

47

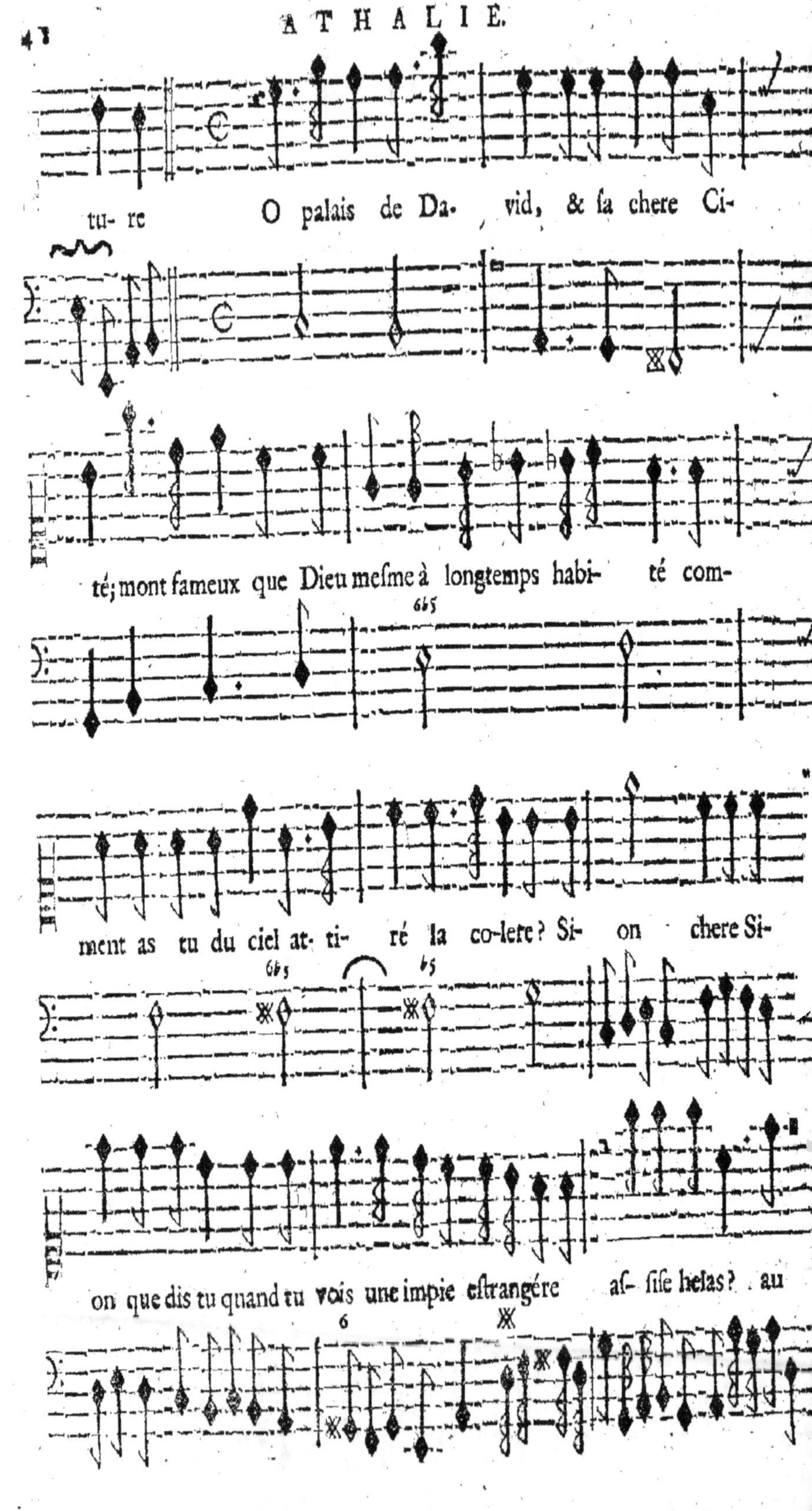
tu- re
O palais de Da- vid, & sa chere Ci-
té; mont fameux que Dieu mesme à longtemps habi- té comment as tu du ciel at- ti- ré la co-lere? Si- on chere Sion que dis tu quand tu vois une impie estrangére as- sise helas? au

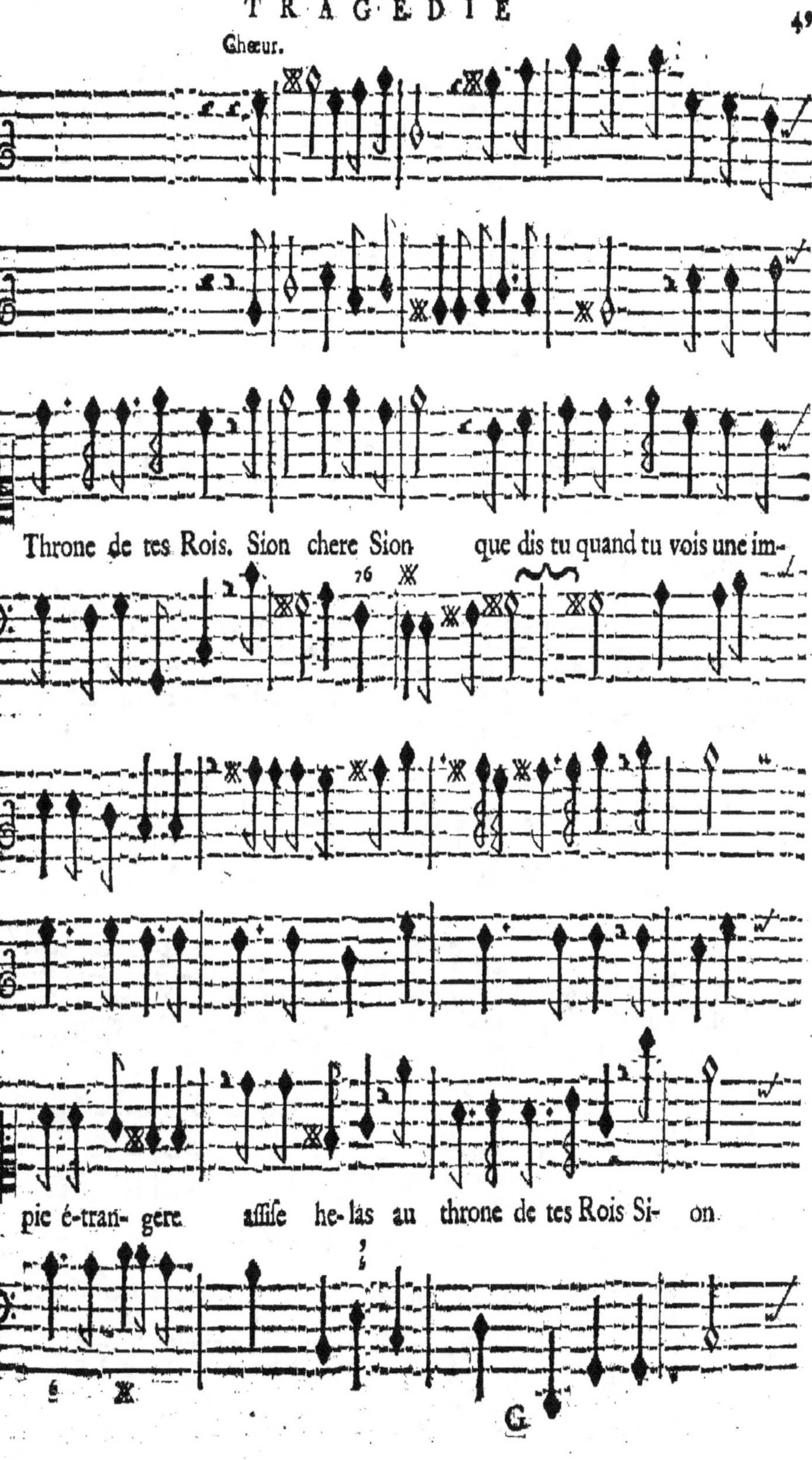
Chœur.
Throne de tes Rois. Sion chere Sion que dis tu quand tu vois une im-
pie é-tran-gere assise he-las au throne de tes Rois Si- on.

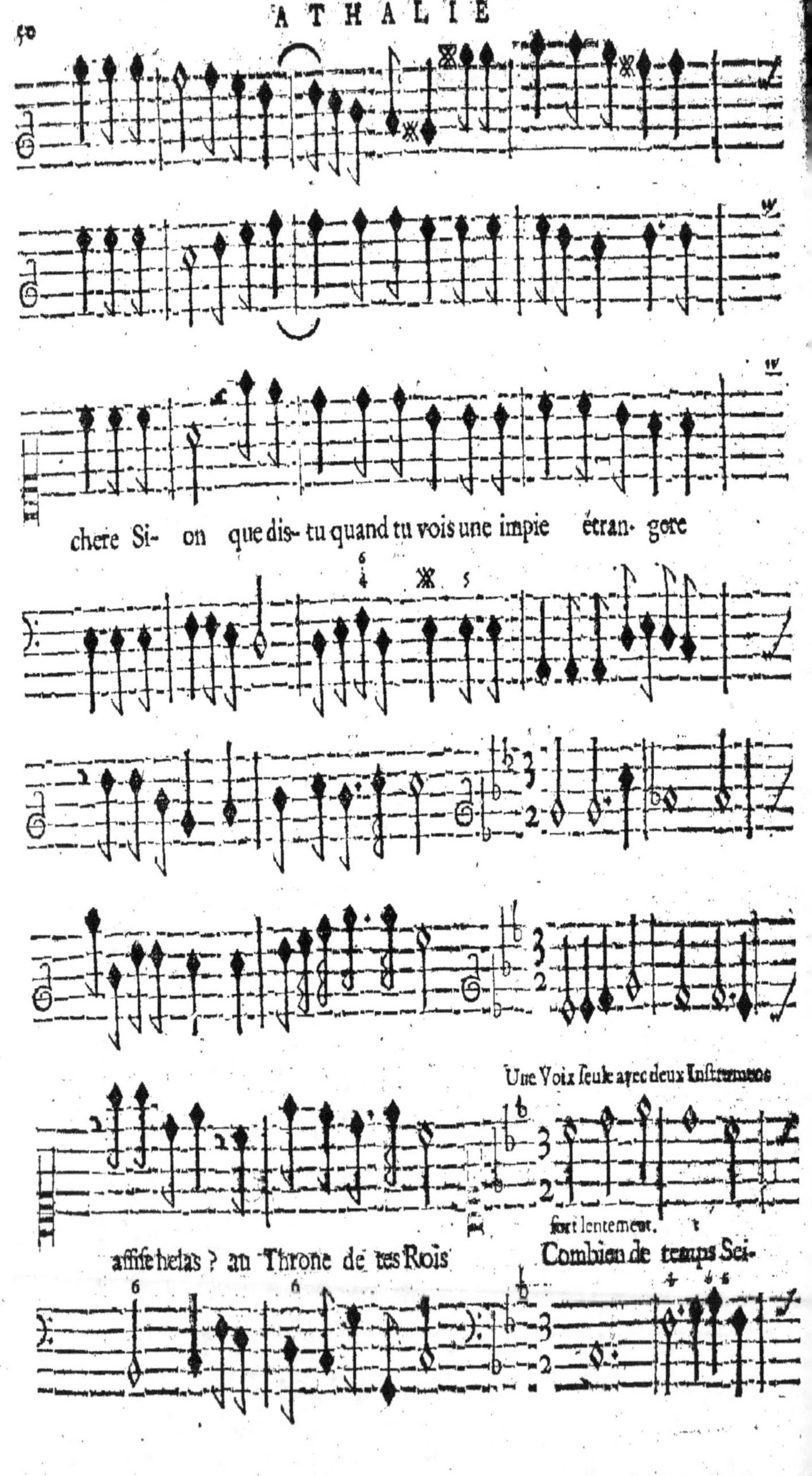
50
chere Si- on que dis- tu quand tu vois une impie étran- gore
Une Voix seule avec deux Instrumens
fort lentement.
affise helas ? au Throne de tes Rois
Combien de temps Sei-

gneur combien de temps encore verrons nous contre toy les mé-
chants s'é- le- ver ver jusques dans ton saint Temple ils

viennent te bra- ver ils traittent d'infen- fé le peuple qui
t'ado- re combien de temps Sei- gneur combien

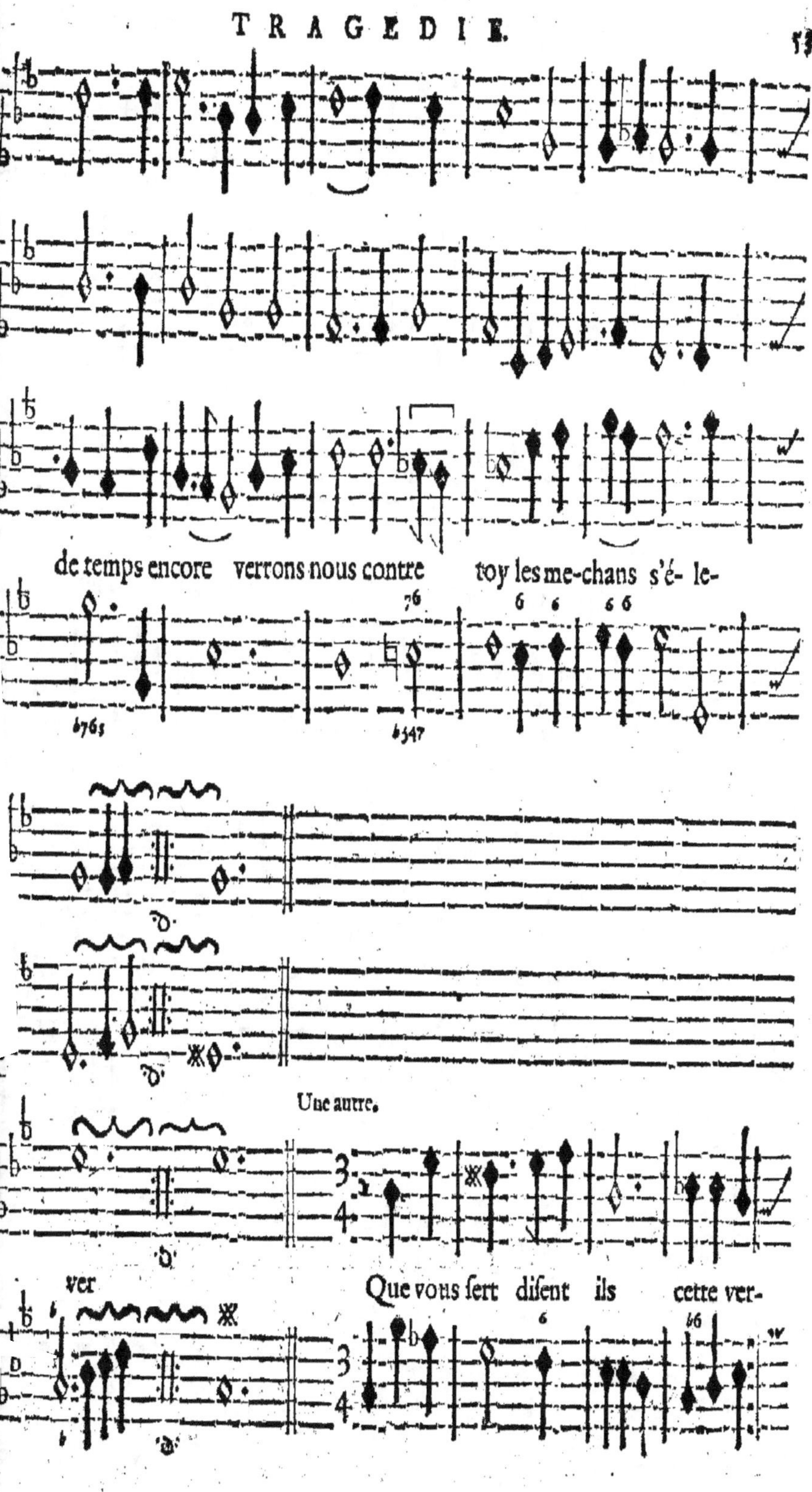

de temps encore verrons nous contre toy les me-chans s'é- le-
ver
Une autre.
Que vous sert disent ils cette ver-

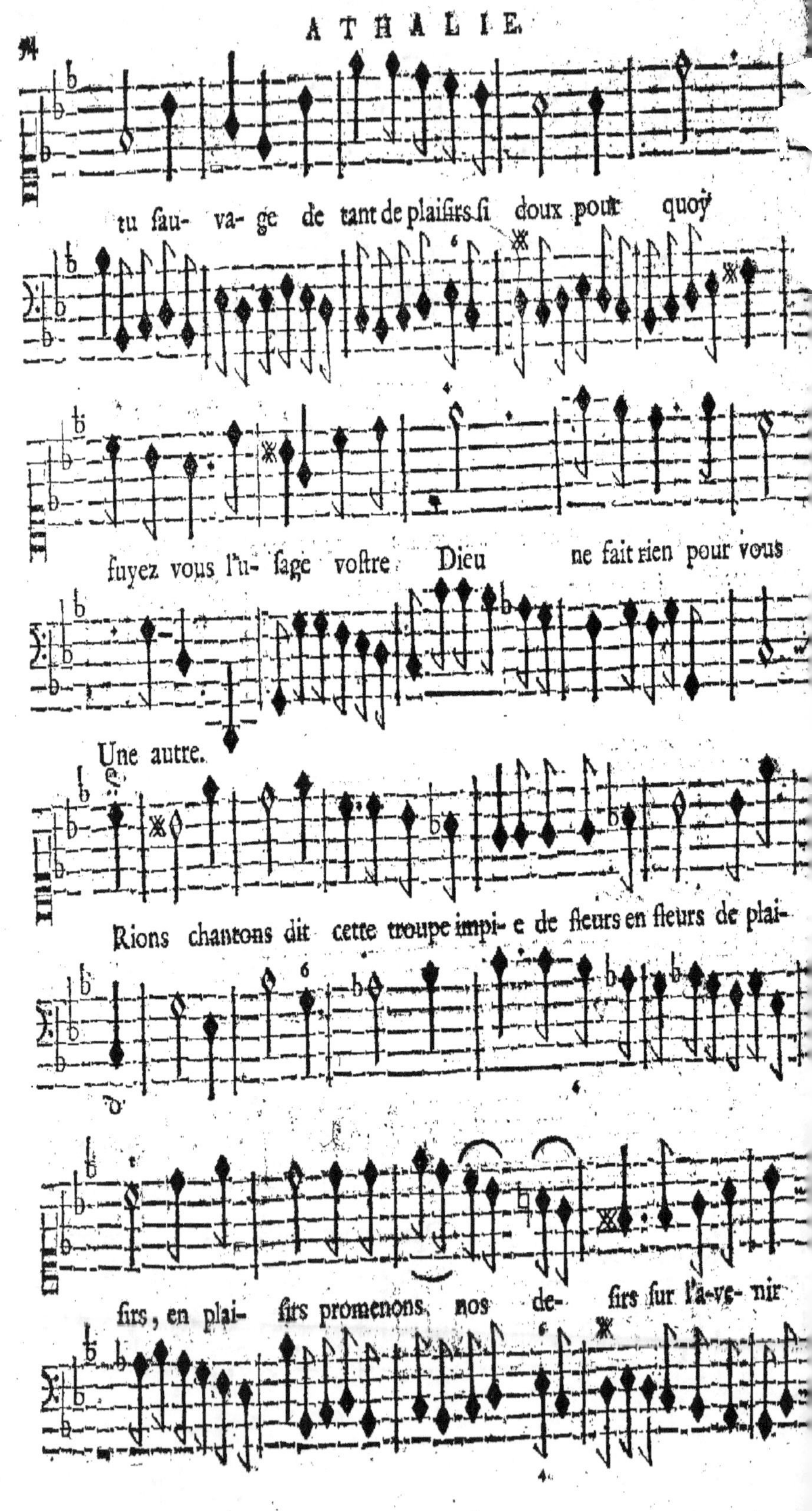
tu fau- va- ge de tant de plaifirs fi doux pour quoy
fuyez vous l'u- fage voftre Dieu ne fait rien pour vous
Une autre.
Rions chantons dit cette troupe impi- e de fleurs en fleurs de plaifirs, en plai- firs promenons nos de- firs fur l'a-ve- nir

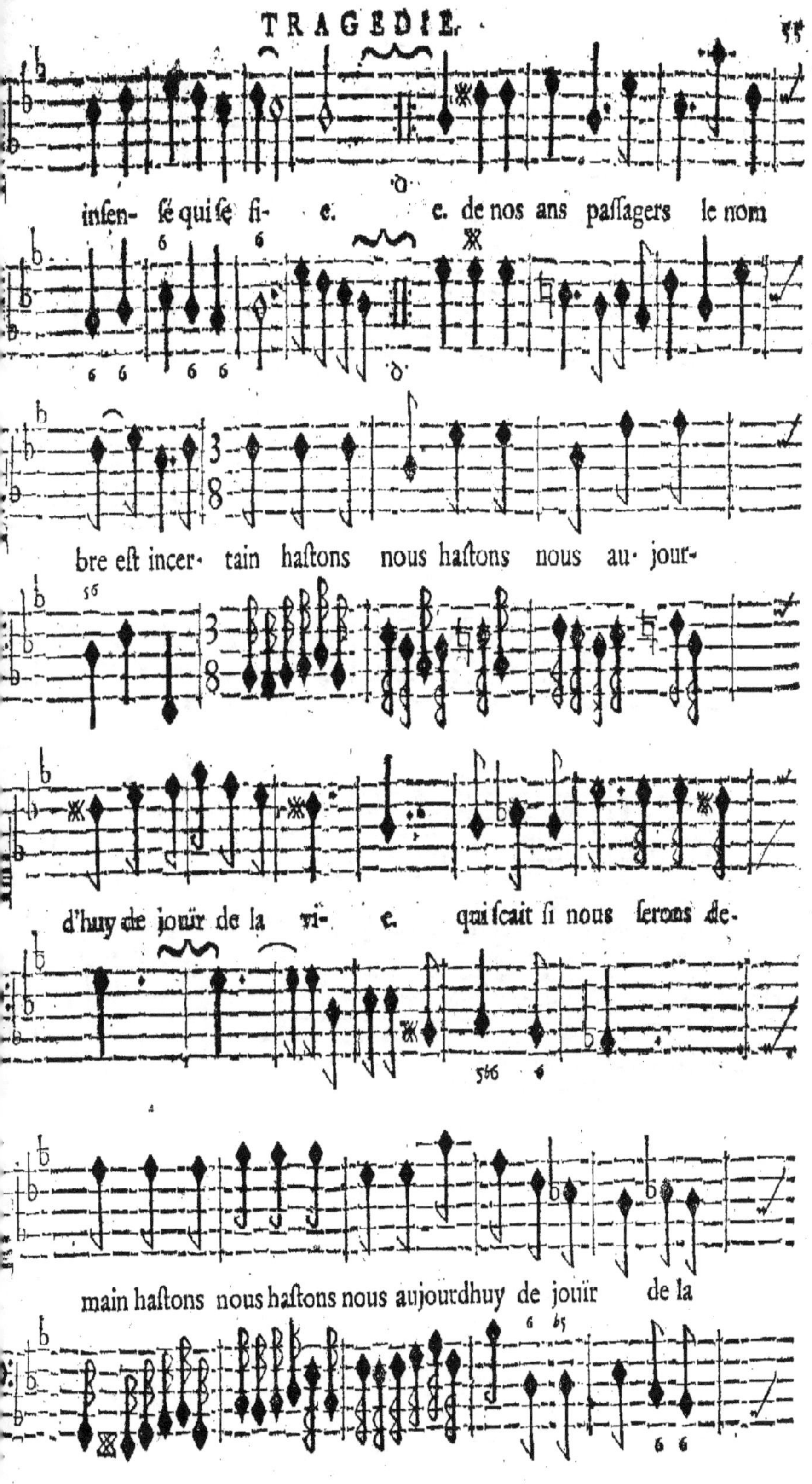
infen- fé qui fe fi-   e.   e. de nos ans paffagers   le nom
bre eft incer- tain haftons nous haftons nous au· jour-
d'huy de jouïr de la vi-   e.   qui fcait fi nous ferons demain haftons nous haftons nous aujourdhuy de jouïr   de la

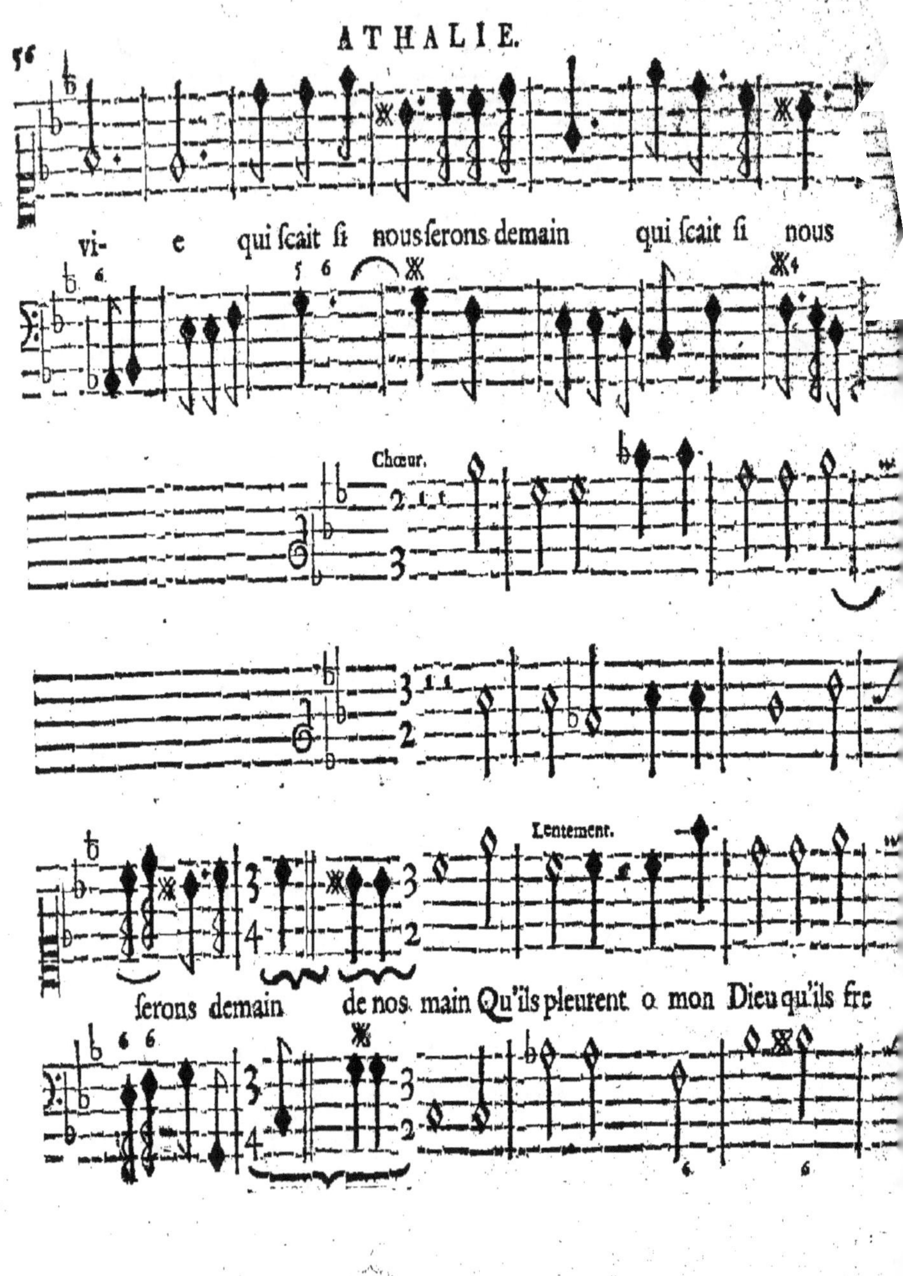
vi- e qui sçait si nous serons demain qui sçait si nous
Chœur.
Lentement.
serons demain de nos main Qu'ils pleurent o mon Dieu qu'ils fre

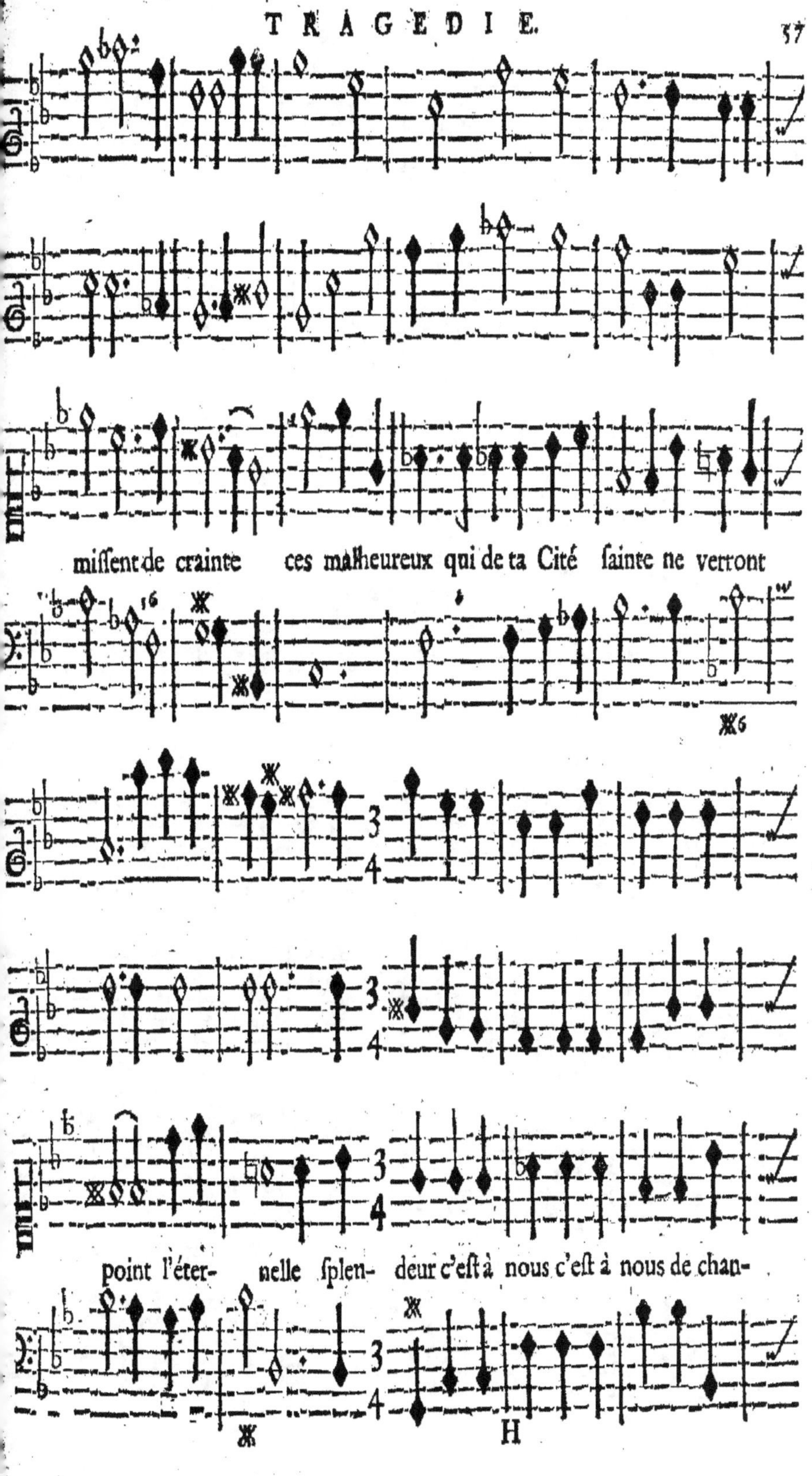
miffent de crainte ces malheureux qui de ta Cité fainte ne verront
point l'éter- nelle fplen- deur c'eft à nous c'eft à nous de chan-

ter nous à qui tu re- veles tes clartés immor- tel-
les c'eft à nous de chân- ter tes dons & ta grandeur

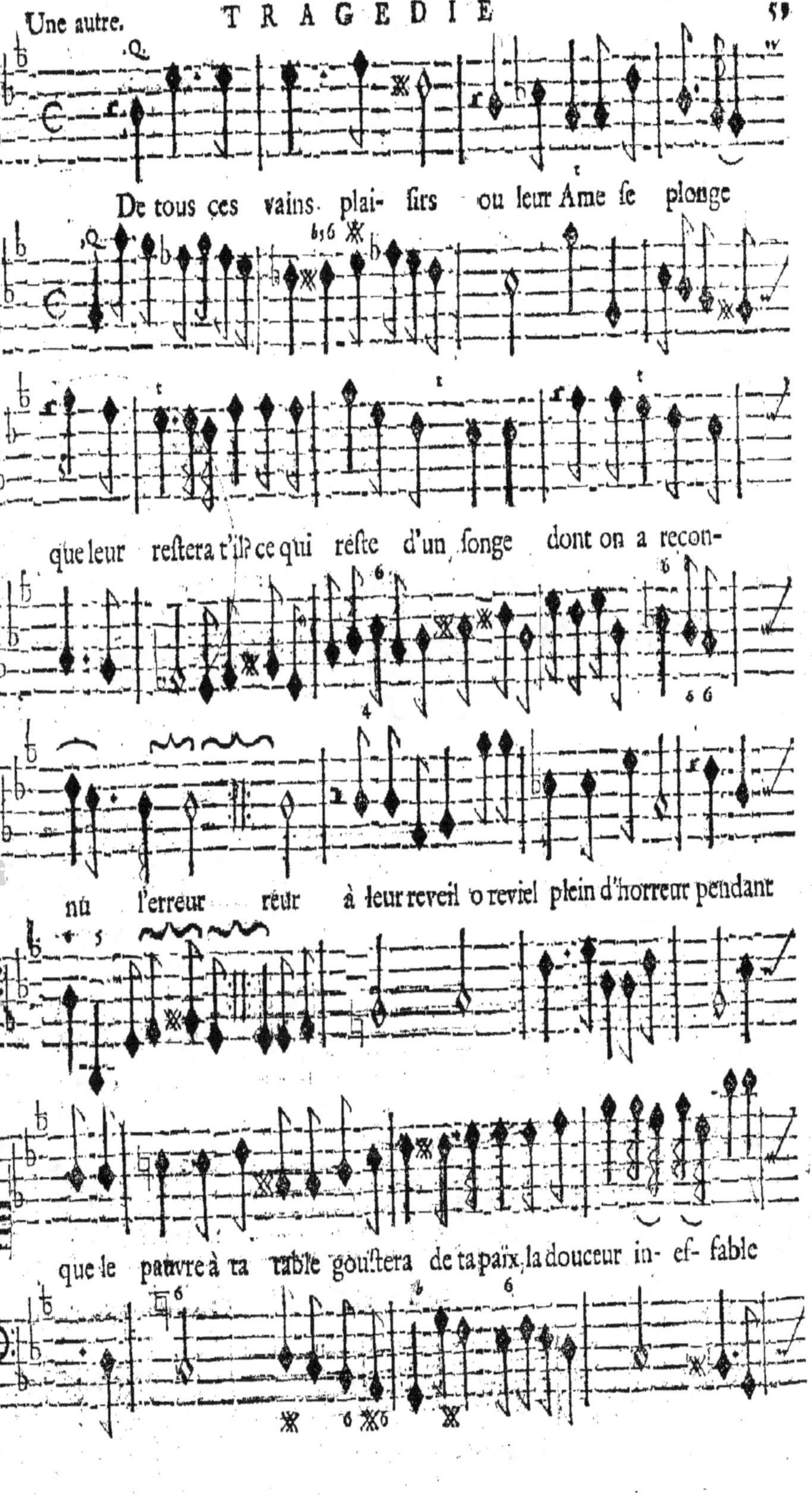
De tous ces vains plai- sirs ou leur Ame se plonge
que leur restera t'il? ce qui reste d'un songe dont on a reconnu l'erreur reur à leur reveil o reviel plein d'horreur pendant
que le pauvre à ta table goustera de ta paix la douceur in- ef- fable

ils boiront dans la coupe affreuse inépui- sable, que tu prefen- te-
ras au jour de ta fureur à toute la race cou- pa-
Chœur.
ble. A leur reveil ble. O re- veil plein d'hor-

reur o songe peu du-rable o o re- veil plein d'horreur
o songe peu durable o o dangereu- se erreur.

ACTE III.

SCENE PREMIERE.

MATHAN, NABAL, LE CHOEUR.

MATHAN.

Jeunes Filles, allez. Qu'on dise à Josabet
Que Mathan veut icy lui parler en secret.

Une des Filles du Choeur.

Mathan! O Dieu du Ciel, puisses-tu le confondre.

NABAL.

Hé quoy? Tout se disperse & fuit sans vous répondre?

MATHAN.

Approchons.

SCENE II.

ZACHARIE, MATHAN, NABAL.

ZACHARIE.

Temeraire où voulez-vous passer?
Au delà de ce lieu gardez-vous d'avancer.
C'est des Ministres saints la demeure sacrée.
Les loix à tout profane en défendent l'entrée.
Qui cherchez-vous; Mon Pere en ce jour solemnel
De l'idolâtre impur fuit l'aspect criminel.
Et devant le Seigneur maintenant prosternée
Ma Mere en ce devoir craint d'estre détournée.

MATHAN.

Mon fils, nous attendrons, cessez de vous troubler,
C'est vostre illustre Mere à qui je veux parler.
Je viens icy chargé d'un ordre de la Reine.

SCENE III.

MATHAN, NABAL.

NABAL.

Leurs enfans ont déja leur audace hautaine.
Mais que veut Athalie en cette occasion;
D'où naist dans ses conseils cette confusion;
Par l'insolent Joad ce matin offensée,

Et d'un Enfant fatal en songe menacée,
Elle alloit immoler Joad à son courroux,
Et dans ce Temple enfin placer Baal & vous.
Vous m'en aviez déja confié vostre joye,
Et j'esperois ma part d'une si riche proye.
Qui fait changer ainsi ses vœux irresolus ;

MATHAN.

Ami, depuis deux jours je ne la connois plus.
Ce n'est plus cette Reine éclairée, intrepide,
Elevée au dessus de son sexe timide,
Qui d'abord accabloit ses ennemis surpris,
Et d'un instant perdu connoissoit tout le prix.
La peur d'un vain remord trouble cette grande ame,
Elle flotte, elle hésite, en un mot elle est femme.
J'avois tantost rempli d'amertume & de fiel
Son cœur déja saisi des menaces du Ciel.
Elle-même à mes soins confiant sa vangeance
M'avoit dit d'assembler sa garde en diligence.
Mais soit que cet Enfant devant elle amené,
De ses parens, dit-on, rebut infortuné,
Eût d'un songe effrayant diminué l'allarme,
Soit qu'elle eût même en lui veu je ne sçay quel charme,
J'ay trouvé son courroux chancelant, incertain,
Et déja remettant sa vangeance à demain,
Tous ses projets sembloient l'un l'autre se détruire.
Du sort de cet Enfant je me suis fait instruire,
Ay-je dit. On commence à vanter ses ayeux.
Joad de temps en temps le montre aux factieux,
Le fait attendre aux Juifs comme un autre Moïse,
Et d'oracles menteurs s'appuye & s'autorise.
Ces mots ont fait monter la rougeur sur son front.
Jamais mensonge heureux n'eut un effet si prompt.
Est-ce à moy de languir dans cette incertitude,
Sortons, a-t-elle dit, sortons d'inquietude.
Vous-même à Josabet prononcez cet arrest.
Les feux vont s'allumer, & le fer est tout prest.
Rien ne peut de leur Temple empescher le ravage,
Si je n'ay de leur foy cet Enfant pour ostage.

NABAL.

Hé bien ; Pour un Enfant qu'ils ne connoissent pas,
Que le hazard peut-estre a jetté dans leurs bras,
Voudront ils que leur Temple enseveli sous l'herbe...

MATHAN.

Ah ! de tous les mortels connois le plus superbe.
Plustost que dans mes mains par Joad soit livré
Un Enfant qu'à son Dieu Joad a consacré,
Tu lui verras subir la mort la plus terrible.
D'ailleurs pour cet Enfant leur attaché est visible.

Si

ATHALIE

Si j'ay bien de la Reine entendu le recit,
Joad sur sa naissance en sçait plus qu'il ne dit.
Quel qu'il soit, je prévoy qu'il leur sera funeste.
Ils le refuseront. je prens sur moy le reste.
Et j'espere qu'enfin de ce Temple odieux
Et la flamme & le fer vont délivrer mes yeux.

NABAL.

Qui peut vous inspirer une haine si forte ?
Est-ce que de Baal le zele vous transporte ?
Pour moy, vous le sçavez, descendu d'Ismaël
Je ne sers ni Baal, ni le Dieu d'Israël.

MATHAN.

Ami, peus-tu penser que d'un zele frivole
Je me laisse aveugler pour une vaine Idole,
Pour un fragile bois, que malgré mon secours,
Les vers sur son autel consument tous les jours ;
Né Ministre du Dieu qu'en ce Temple on adore,
Peut-estre que Mathan le serviroit encore,
Si l'amour des grandeurs, la soif de commander
Avec son joug estroit pouvoient s'accommoder.
Qu'est-il besoin, Nabal, qu'à tes yeux je rappelle
De Joad & de moy la fameuse querelle,
Quand j'osay contre lui disputer l'encensoir,
Mes brigues, mes combats, mes pleurs, mon desespoir;
Vaincu par lui, j'entray dans une autre carriere,
Et mon ame à la Cour s'attacha toute entiere:
J'approchay par degrez de l'oreille des Rois,
Et bien-tost en oracle on érigea ma voix.
J'estudiay leur cœur je flattay leurs caprices,
Je leur semay de fleurs le bord des précipices.
Prés de leurs passions rien ne me fut sacre.
De mesure & de poids je changeois à leur gré.
Autant que de Joad l'inflexible rudesse
De leur superbe oreille offensoit la mollesse,
Autant je les charmois par ma dexterité,
Dérobant à leurs yeux la triste Verité;
Prestant à leurs fureurs des couleurs favorables,
Et prodigue sur tout du sang des Miserables.
Enfin au Dieu nouveau qu'elle avoit introduit
Par les mains d'Athalie un Temple fut construit.
Jerusalem pleura de se voir profanée.
Des enfans de Lévi la troupe consternée
En poussa vers le Ciel des hûrlemens affreux.
Moi seul donnant l'exemple aux timides Hébreux,
Deserteur de leur Loy, j'approuvay l'entreprise
Et par là de Baal meritay la Prestrise.
Par là je me rendis terrible à mon Rival,
Je ceignis la tiare, & marchay son égal.

Tou-

Toutefois, je l'avoüe, en ce comble de gloire
Du Dieu que j'ay quitté l'importune memoire
Jette encore en mon ame un reste de terreur.
Et c'est ce qui redouble & nourrit ma fureur.
Heureux! si sur son Temple achevant ma vengeance,
Je puis convaincre enfin sa haine d'impuissance,
Et parmi le debris, le ravage, & les morts,
A force d'attentats perdre tous mes remords.
Mais voicy Josabet.

SCENE IV.

JOSABET, MATHAN, NABAL.

MATHAN.

ENvoyé par la Reine
Pour restablir le calme & dissiper la haine.
Princesse, en qui le Ciel mit un esprit si doux,
Ne vous estonnez pas si je m'adresse à vous.
Un bruit, que j'ay pourtant soupçonné de mensonge,
Appuyant les avis qu'elle a reçûs en songe,
Sur Joad accusé de dangereux complots
Alloit de sa colere attirer tous les flots.
Je ne veux point icy vous vanter mes services.
De Joad contre moy je sçay les injustices.
Mais il faut à l'offense opposer les bienfaits,
Enfin je viens chargé de paroles de paix.
Vivez, solemnisez vos festes sans ombrage.
De vostre obeïssance elle ne veut qu'un gage.
C'est, pour l'en détourner j'ay fait ce que j'ay pû.
Cet enfant sans parens, qu'elle dit qu'elle a vû.

JOSABET.

Eliacin!

MATHAN.

J'en ay pour elle quelque honte,
D'un vain songe peut-estre elle fait trop de conte:
Mais vous vous déclarez ses mortels ennemis,
Si cet Enfant sur l'heure en mes mains n'est remis.
La Reine impatiente attend vostre réponse.

JOSABET.

Et voilà de sa part la paix qu'on nous annonce!

MATHAN.

Pourriez-vous un moment douter de l'accepter?
D'un peu de complaisance est-ce trop l'acheter?

JOSABET.

J'admirois si Mathan dépouillant l'artifice
Avoit pû de son cœur surmonter l'injustice,

I

Et si de tant de maux le funeste inventeur
De quelque ombre de bien pouvoit estre l'auteur.
                    MATHAN.

De quoy vous plaignez vous ? Vient-on avec furie
Arracher de vos bras vostre fils Zacharie?
Quel est cet autre Enfant si cher à vostre amour?
Ce grand attachement me surprend à mon tour.
Est-ce un tresor pour vous si pretieux, si rare ?
Est-ce un liberateur que le Ciel vous prépare,
Songez y. Vos refus pourroient me confirmer
Un bruit sourd, que déja l'on commence à semer.
                    JOSABET.

Quel bruit?

                    MATHAN.
     Que cet Enfant vient d'illustre origine,
Qu'à quelque grand projet vostre Espoux le destine.
                    JOSABET.
Et Mathan par ce bruit qui flatte sa fureur....
                    MATHAN.
Princesse, c'est à vous à me tirer d'erreur
Je sçay que du mensonge implacable ennemie
Josabet livreroit même sa propre vie,
S'il falloit que sa vie à sa sincerité
Coustast le moindre mot contre la verité.
Du sort de cet Enfant on n'a donc nulle trace?
Une profond nuit enveloppe sa race?
Et vous-même ignorez de quels parens issu,
De quelles mains Joad en ses bras l'a reçû?
Parlez, je vous écoute, & suis prest de vous croire.
Au Dieu que vous servez, Princesse, rendez gloire.
                    JOSABET.
Méchant, c'est bien à vous, d'oser ainsi nommer
Un Dieu que vostre bouche enseigne à blasphemer.
Sa verité par vous peut-elle estre attestée,
Vous, Malheureux, assis dans la chaire empestée
Où le mensonge regne & répand son poison,
Vous, nourri dans la fourbe & dans la trahison?

SCENE V.

IOAD, IOSABET, MATHAN, NABAL.
                    IOAD.
Où suis-je? De Baal ne vois-je pas le Prestre?
Quoy, Fille de David vous parlez à ce traistre?
Vous souffrez qu'il vous parle. Et vous ne craignez pas,
Que du fond de l'abysme entr'ouvert sous ses pas,
Il ne sorte à l'instant des feux qui vous embrasent,
ou qu'en tombant sur lui ces murs ne vous écrasent?

                                                  Que

Que veut-il ; De quel front cet ennemi de Dieu,
Vient-il infecter l'air qu'on respire en ce lieu ;
MATHAN.

On reconnoist Joad à cette violence.
Toutefois il devroit montrer plus de prudence,
Respecter une Reine, & ne pas outrager
Celuy, que de son ordre elle a daigné charger.
IOAD.

Hé bien, que nous fait-elle annoncer de sinistre ;
Quel sera l'ordre affreux qu'apporte un tel Ministre ;
MATHAN.

J'ay fait à Josabet sçavoir sa volonté.
IOAD.

Sors donc de devant moy, Monstre d'impieté.
De toutes tes horreurs, va, comble la mesure.
Dieu s'appreste à te joindre à la race parjure,
Abiron, & Dathan, Doëg, Achitophel.
Les chiens, à qui son bras a livré Jezabel,
Attendant que sur toy sa fureur se déploye,
Déja sont à ta porte & demandent leur proye.
MATHAN.

Avant la fin du jour... on verra qui de nous...
Doit... Mais sortons, Nabal.
NABAL.

Où vous égaréz-vous ;
De vos sens estonnez quel desordre s'empare ;
Voilà vostre chemin.

SCENE VI.

IOAD, IOSABET.

IOSABET.

L'Orage se declare.
Athalie en fureur demande Eliacin
Déja de sa naissance & de vostre dessein.
On commence Seigneur, à percer le mystere.
Peu s'en faut que Mathan ne m'ait nommé son pere.
IOAD.

Au perfide Mathan qui l'auroit revelé ;
Vostre trouble à Mathan n'a-t-il point trop parlé ;
IOSABET.

J'ay fait ce que j'ay pû pour m'en rendre maistresse.
Cependant croyez-moy, Seigneur, le peril presse.
Reservons cet Enfant pour un temps plus heureux.
Tandis que les Méchans deliberent entre eux,
Avant qu'on l'environne, avant qu'on nous l'arrache,
Une

Une seconde fois souffrez que je le cache.
Les portes, les chemins lui sont encore ouverts.
Faut-il le transporter aux plus affreux deserts;
Je suis preste. Je sçais une secrette issuë
Par où, sans qu'on le voye, & sans estre apperceuë,
De Cédron avec lui traversant le torrent,
J'iray dans le desert, où jadis en pleurant,
Et cherchant comme nous son salut dans la fuite,
David d'un Fils rebelle evita la poursuite.
Ie craindray moins pour lui les lions, & les ours....
Mais pourquoy de Iéhu refuser le secours;
Ie vous ouvre peut-estre un avis salutaire,
Faisons de ce tresor Iéhu dépositaire.
On peut dans ses Estats le conduire aujourd'hui,
Et le chemin est court qui mene jusqu'à lui.
Iéhu n'a point un cœur farouche, inexorable,
De David à ses yeux le nom est favorable.
Helas! Est-il un Roy si dur & si cruel,
A moins qu'il n'eust pour mere une autre Iézabel,
Qui d'un tel Suppliant ne plaignist l'infortune;
Sa cause à tous les Rois n'est-elle pas commune;
                    IOAD.
Quels timides conseils m'osez vous suggerer;
En l'appui de Iehu pourriéz-vous esperer;
                  IOSABETH.
Dieu defend il tout soin & toute prévoyance;
Ne l'offence ton point par trop de confiance:
A ses desseins sacrez employant les Humains
N'a-t-il pas de Jéhu luy-même armé les mains;
                    IOAD.
Jéhu qu'avoit choisi sa sagesse profonde,
Iéhu, sur qui je voy que vostre espoir se fonde,
D'un oubli trod ingrat a payé ses bienfaits.
Jéhu laisse d'Achab l'affreuse Fille en paix,
Suit des Rois d'Israel les profanes exemples,
Du vil Dieu de l'Egypte a conservé les Temples.
Jéhu sur les hauts Lieux enfin osant offrir
Un temeraire encens que Dieu ne peut souffrir,
N'a pour servir sa cause & vanger ses injures,
Ni le cœur assez droit, ni les mains assez pures,
Non, non, c'est à Dieu seul qu'il nous faut attacher;
Montrons Eliacin, & loin de le cacher,
Que du bandeau royal sa teste soit ornée.
Je veux meme avancer l'heure déterminée,
Avant que de Mathan le complot soit formé.

                                    SCE.

SCENE VII.

IOAD, IOSABET, AZARIAS *suivi du Chœur*
& de plusieurs Lévites.

JOAD.

Hé bien, Azarias, le Temple est-il fermé;

AZARIAS.

J'en ay fait devant moy fermer toutes les portes.

JOAD.

N'y reste-t-il que vous, & vos saintes Cohortes;

AZARIAS.

De ses parvis sacrez j'ay deux fois fait le tour.
Tout a fuy. Tous se sont séparez sans retour,
Miserable troupeau, qu'à dispersé la crainte,
Et Dieu n'est plus servi que dans la Tribu sainte,
Depuis qu'à Pharaon ce peuple est échappé,
Une égale terreur ne l'avoit point frappé.

JOAD.

Peuple lâche en effet, & né pour l'esclavage,
Hardi contre Dieu seul! Poursuivons nostre ouvrage.
Mais qui retient encor ces Enfans parmi nous?

Une des Filles du Chœur.

Hé pourrions-nous, Seigneur, nous separer de vous?
Dans le Temple de Dieu sommes-nous estrangeres?
Vous avez prés de vous nos peres, & nos freres.

Une autre.

Hélas! si pour vanger l'opprobre d'Israël
Nos mains ne peuvent pas, comme autrefois Jahel,
Des ennemis de Dieu percer la teste impie;
Nous lui pouvons du moins immoler nostre vie.
Quand vos bras combattront pour son Temple attaqué.
Par nos larmes du moins il peut-estre invoqué.

IOAD.

Voila donc quels vangeurs s'arment pour ta querelle,
Des Prestres, des Enfans, ô Sagesse éternelle!
Mais si tu les soûtiens, qui peut les ébranler?
Du tombeau quand tu veux tu sçais nous rappeller.
Tu frappes, & guéris. Tu perds, & ressuscites.
Ils ne s'assûrent point en leurs propres merites.
Mais en ton nom sur eux invoqué tant de fois,
En tes sermens jurez au plus saint de leurs Rois,
En ce Temple où tu fais ta demeure sacrée,
Et qui doit du Soleil égaler la durée.
Mais d'où vient que mon cœur fremit d'un saint effroy?
Est-ce l'Esprit divin qui s'empare de moy?
C'est lui même. Il m'échauffe, Il parle, Mes yeux s'ouvrent
                                                            Et

ATHALIE.

Et les siecles obscurs devant-moy se découvrent.
Lévites, de vos sons prestez-moy les accords,
Et de ses mouvemens secondez les transports.

Le Chœur chante au son de toute la symphonie des instrumens.

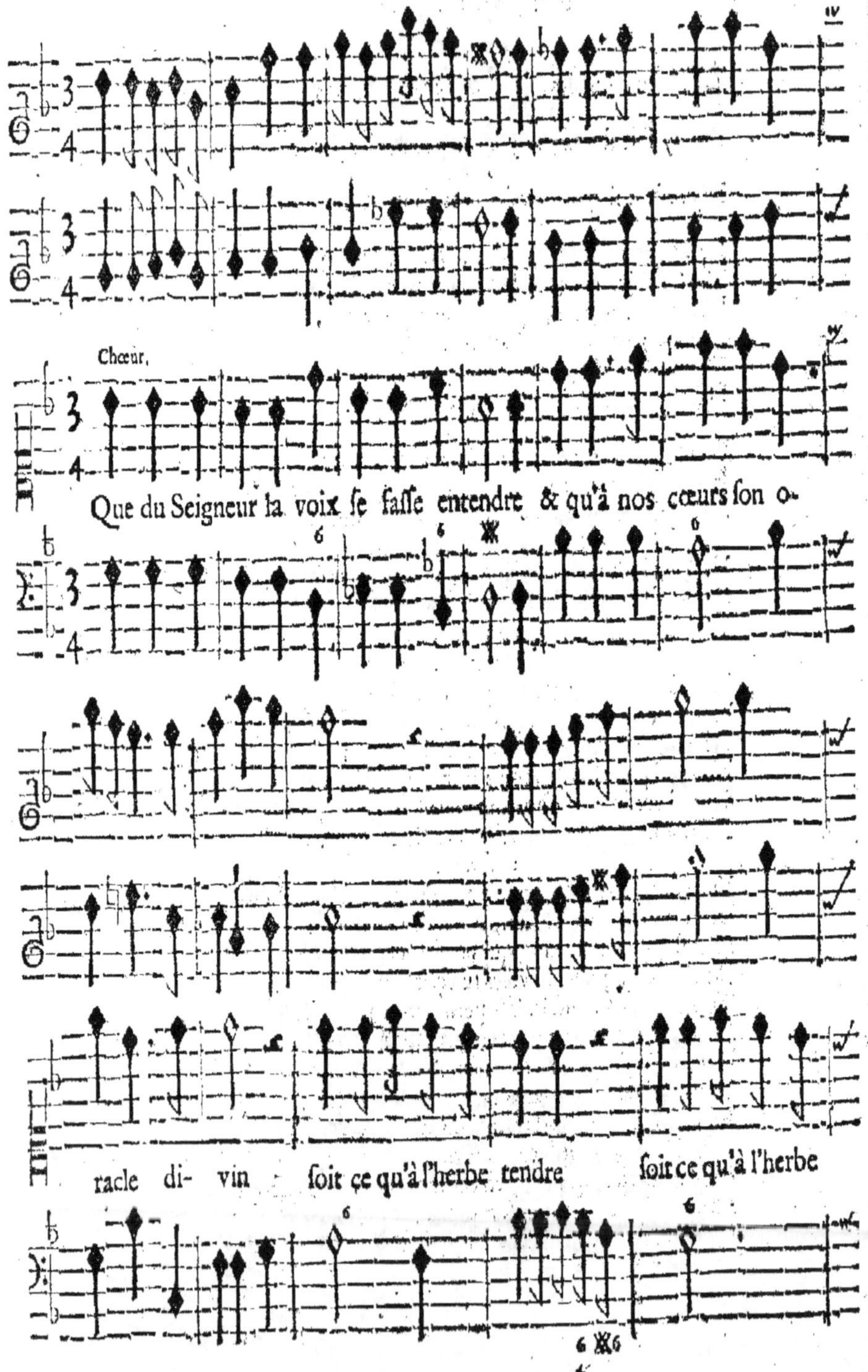

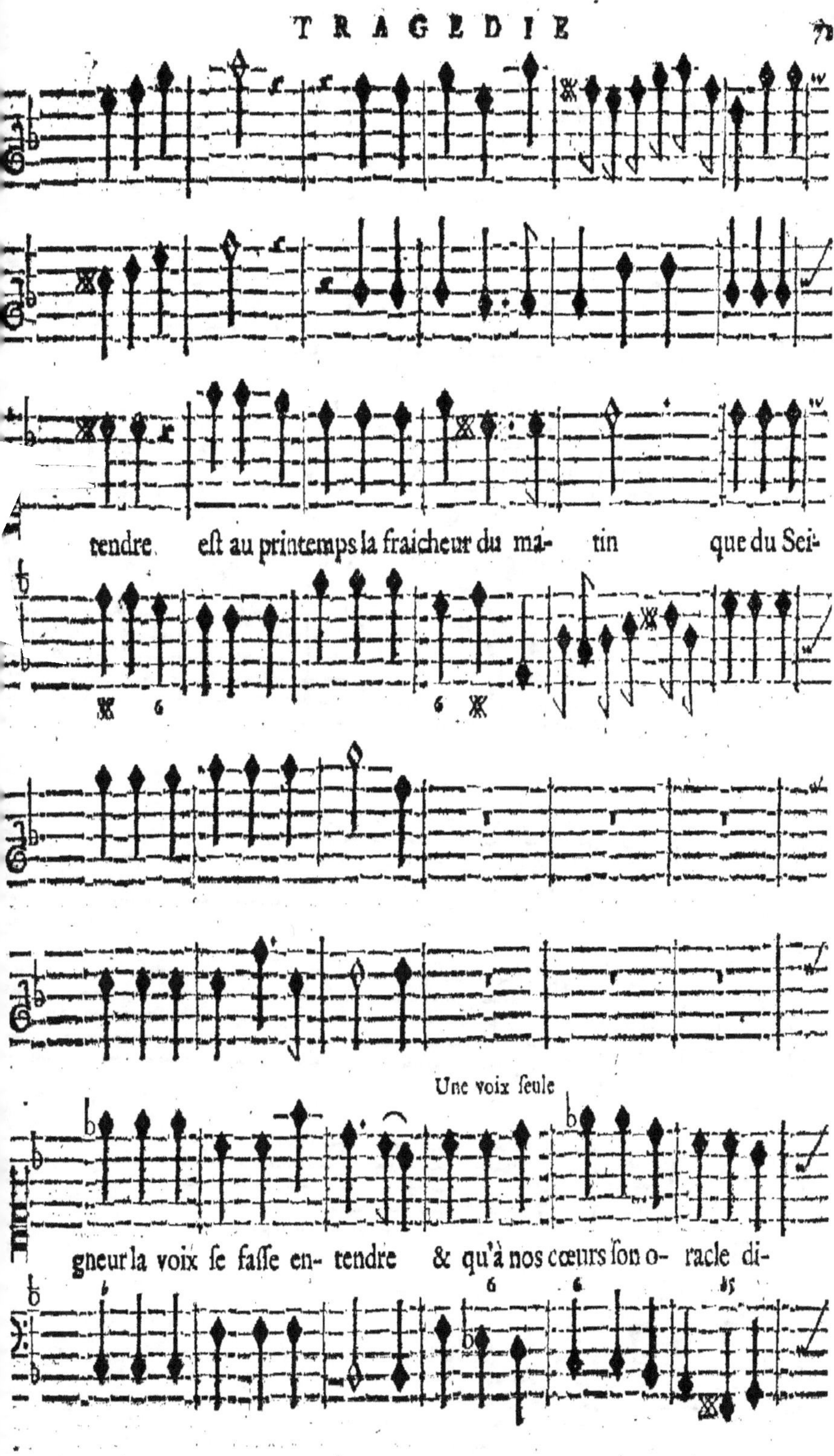

tendre. est au printemps la fraicheur du ma- tin que du Sei-
Une voix seule
gneur la voix se fasse en- tendre & qu'à nos cœurs son o- racle di-

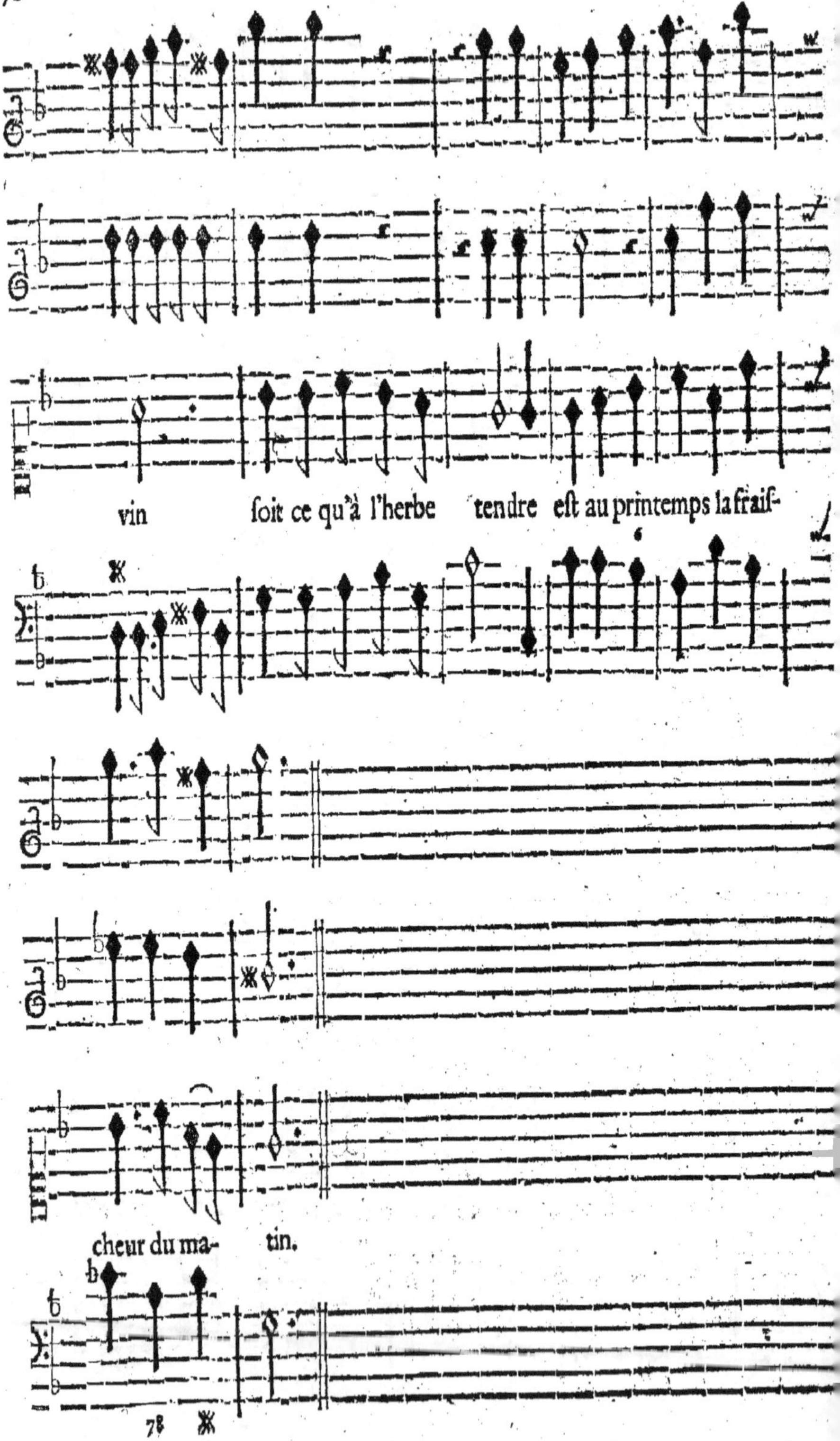

vin   soit ce qu'à l'herbe   tendre   est au printemps la fraîs-

cheur du ma-   tin.

IOAD.

Cieux, écoutez ma voix. Terre, preste l'oreille.
Ne dis plus, ô Iacob, que ton Seigneur sommeille.
Pecheurs, disparoissez, le Seigneur se réveille.

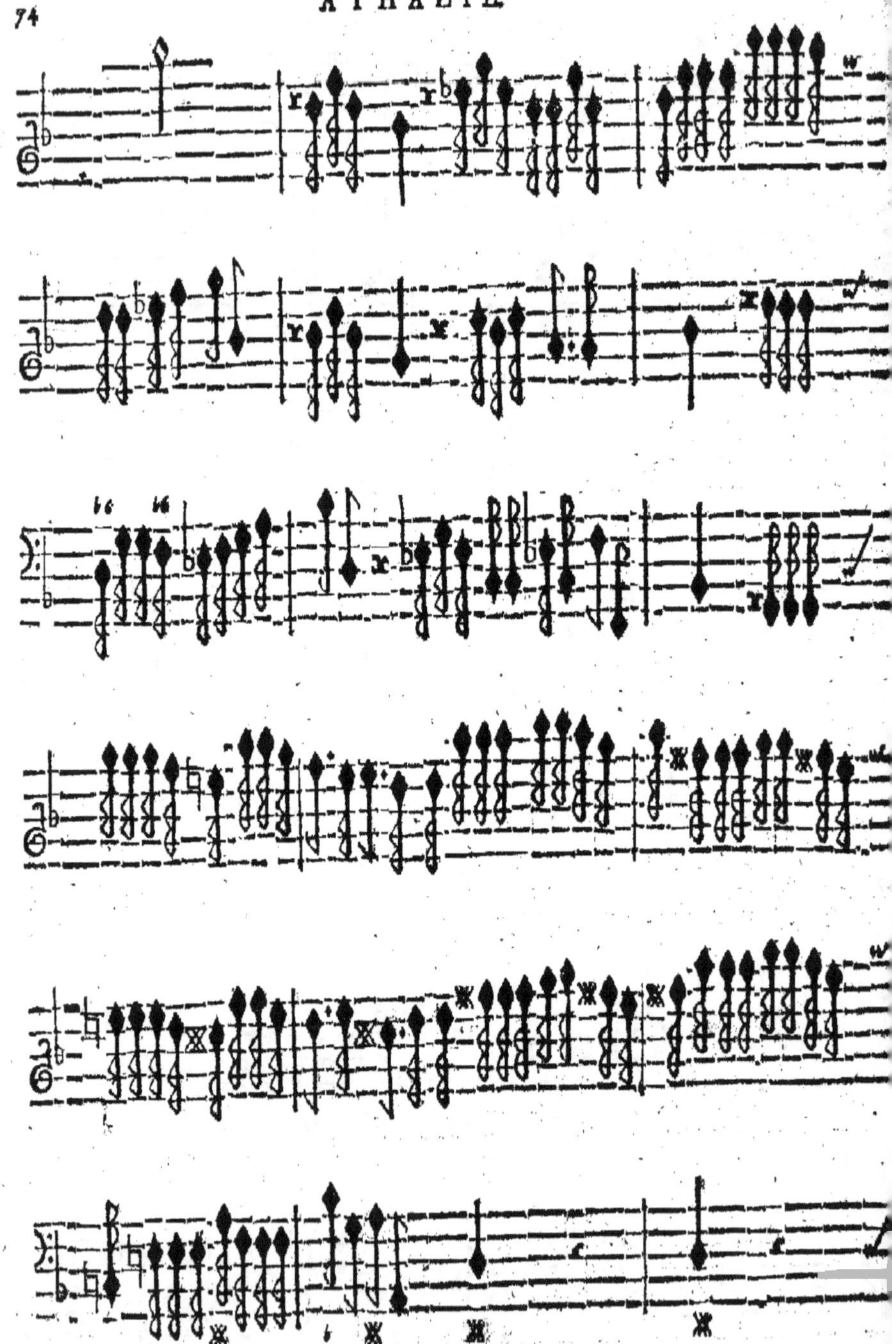

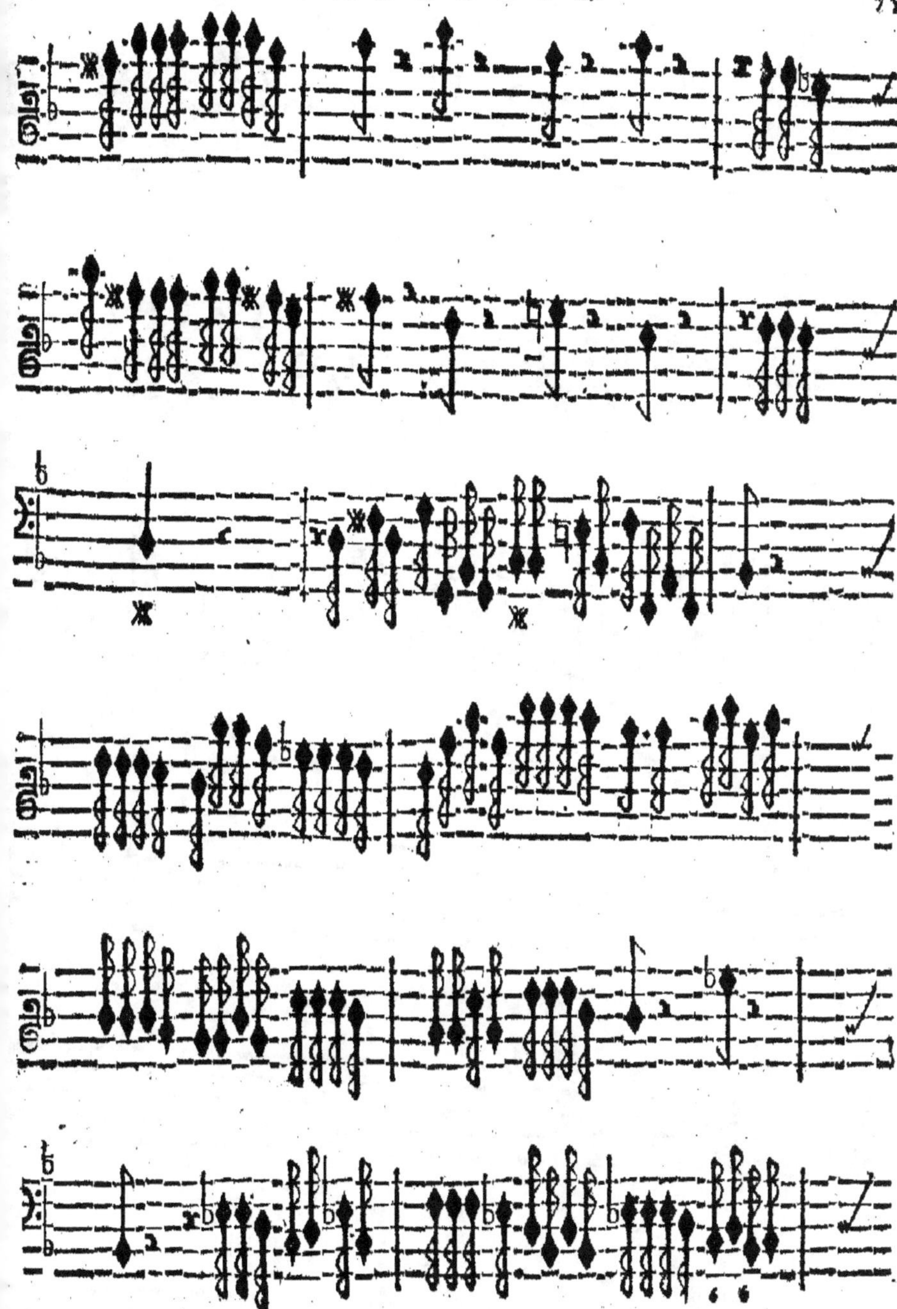

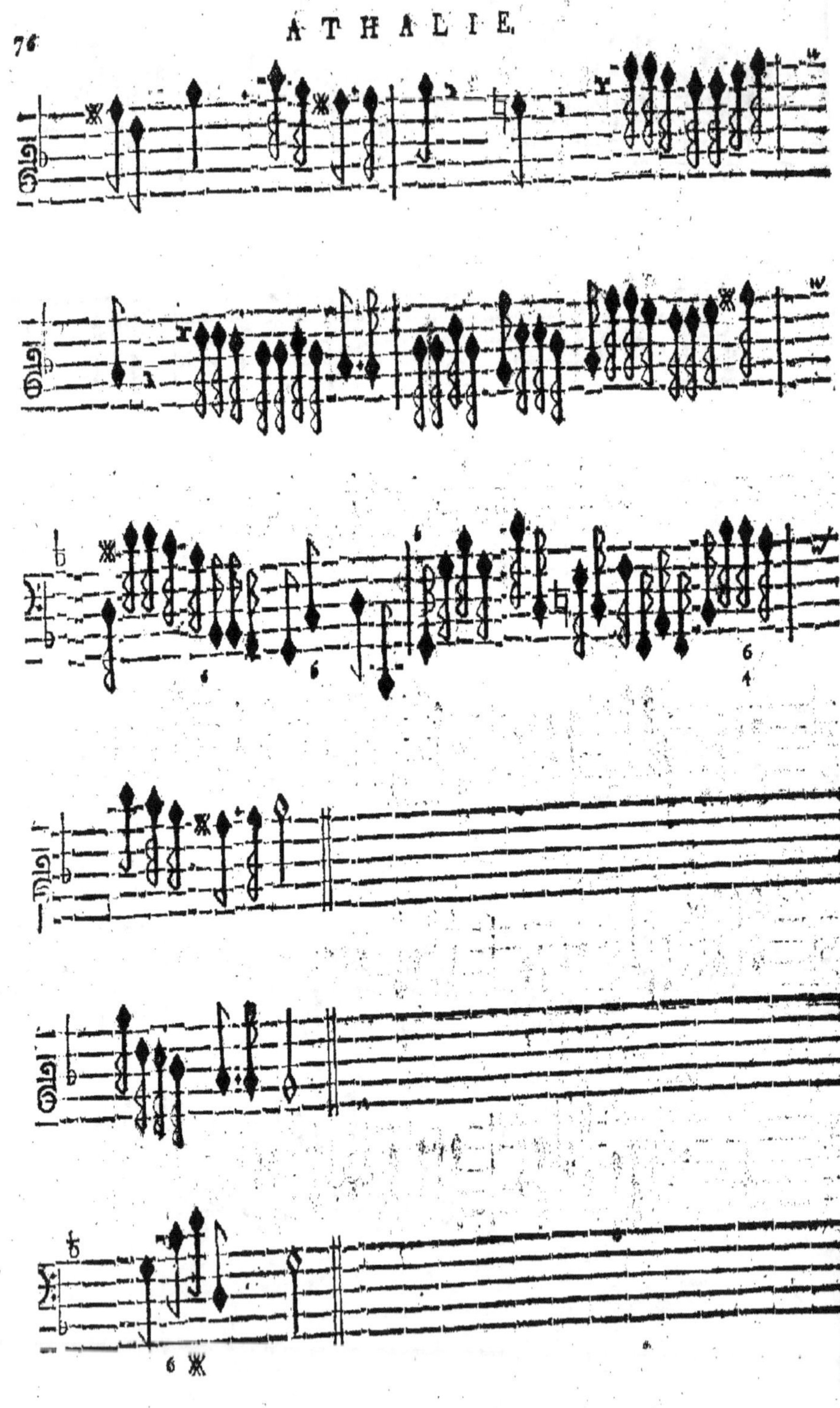

Aprés cette Simphonie Joad recommence.
Comment en un plomb vil (a) l'or pur est-il changé
Quel est dans le Lieu saint (b) ce Pontife égorgé?
Pleure, Jerusalem, pleure, Cité perfide,
Des Prophetes divins malheureuse homicide.
De son amour pour toy ton Dieu s'est dépouillé.
Ton encens à ses yeux est un encens souillé.
   (c) Où menez-vous ces enfans, & ces femmes!
Le Seigneur a détruit la Reine des Citez.
Ses Prestres sont captifs, ses Rois sont rejettez.
Dieu ne veut plus qu'on vienne à ses solemnitez.
Temple renverse-toy. Cedres jettez des flammes.
   Jerusalem, objet de ma douleur,
Quelle main en un jour t'a ravi tous tes charmes?
Qui changera mes yeux en deux sources de larmes
                Pour pleurer ton malheur?
                A Z A R I A S.
O saint Temple!
                I O S A B E T.
                O David!

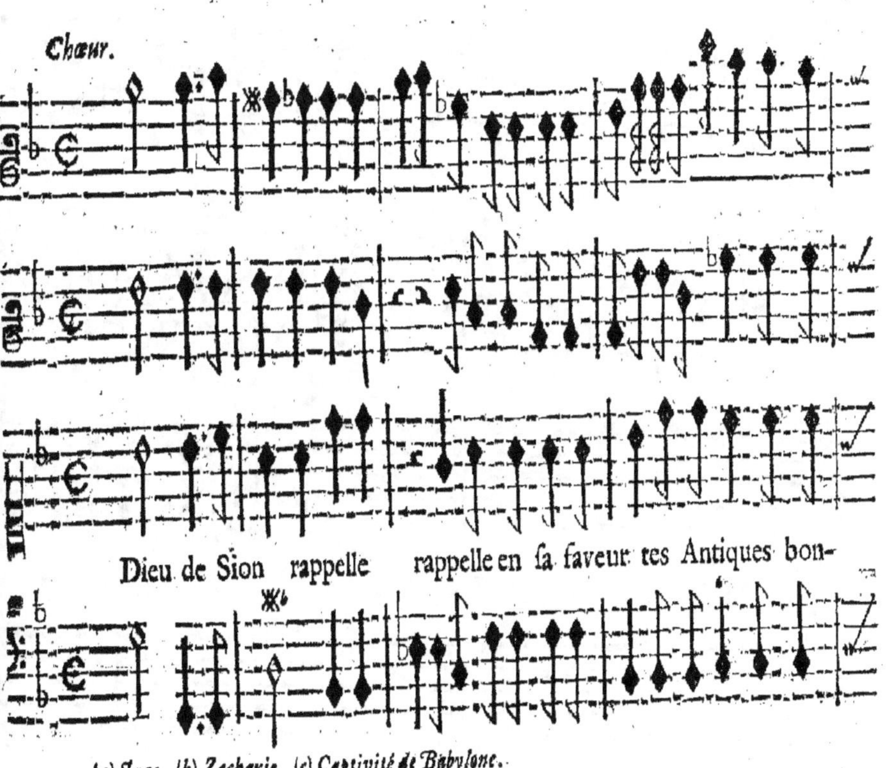

(a) *Joas.* (b) *Zacharie.* (c) *Captivité de Babylone.*

tés Dieu de Sion rappelle en sa faveur tes Antiques bontés.

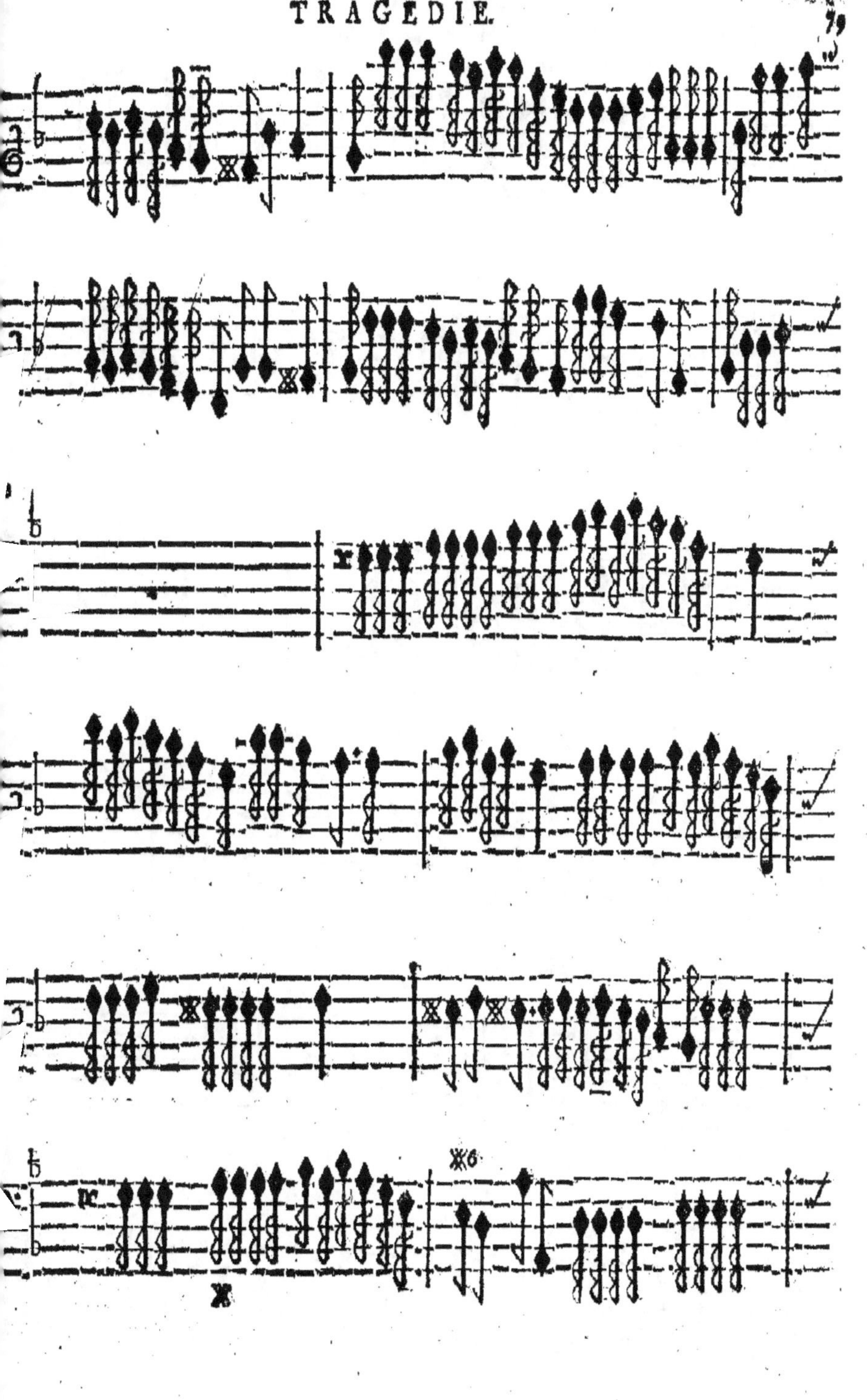

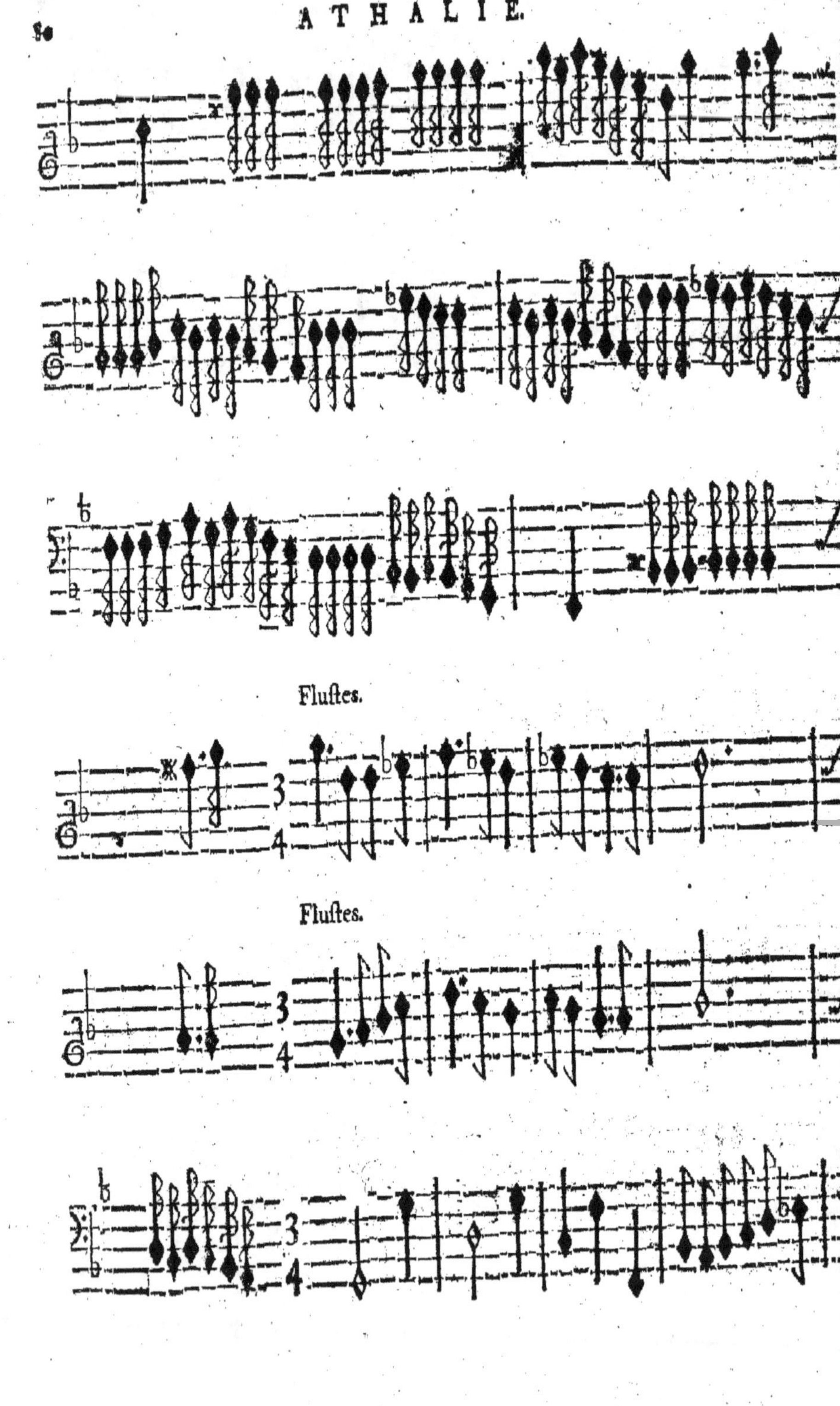
Fluftes.
Fluftes.

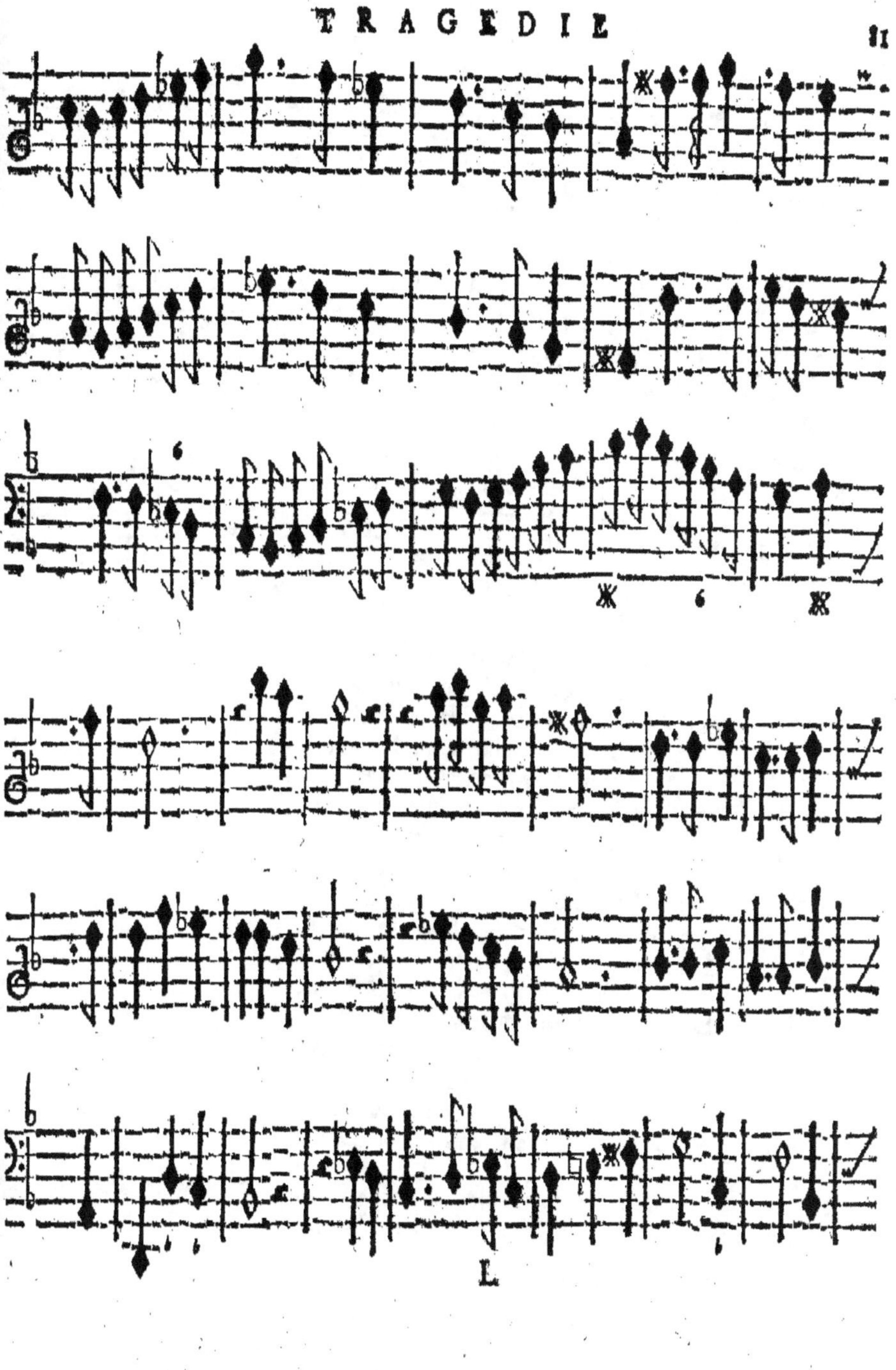

6
6
L

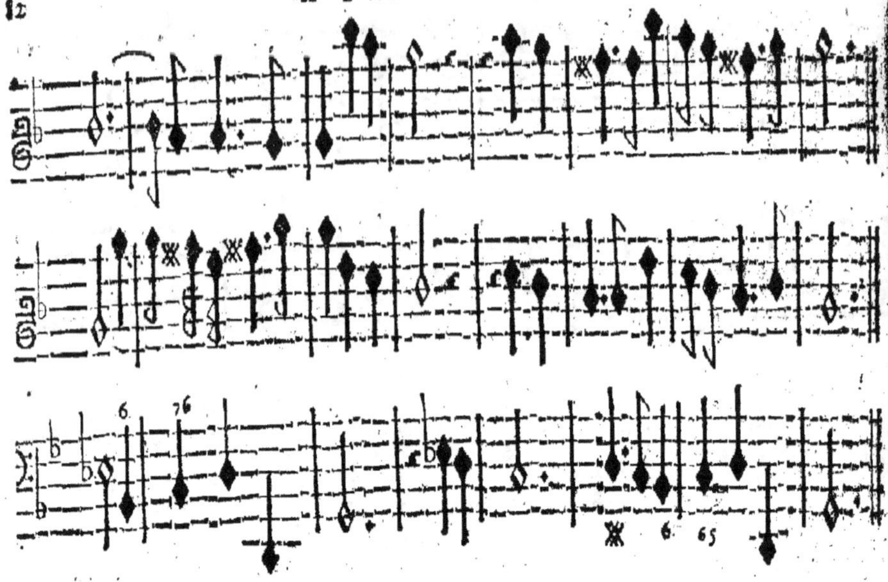

Joas aprés la Symphonie continuë.

Quelle (*a*) Jerusalem nouvelle
Sort du fond du desert brillante de clartez,
Et porte sur le front une marque immortelle?
      Peuples de la terre, chantez.
Jérusalem renaist plus charmante, & plus belle.
      D'où lui viennent de tous costez
Ces (*b*) enfans qu'en son sein elle n'a point portez?
Leve, Jérusalem, leve ta teste altiere.
Regarde tous ces Rois de ta gloire estonnez.
Les Rois des Nations devant toy prosternez
      De tes pieds baisent la poussiere.
Les peuples à l'envy marchent à ta lumiere.
Heureux, qui pour Sion d'une sainte ferveur
      Sentira son ame embrasée!
      Cieux, répandez vostre rosée,
Et que la Terre enfante son Sauveur.

                  IOSABET.

Helas! d'où nous viendra cette insigne faveur,
Si les Rois de qui doit descendre ce Sauveur...

                  IOAD.

Préparez, Josabet, le riche diadême,
Que sur son front sacré David porta lui-même.
Et (*c*) vous, pour vous armer, suivez-moy dans ces lieux
Où se garde caché, loin des profanes yeux,
Ce formidable amas de lances & d'épées,
Qui du sang Philistin jadis furent trempées,
Et que David vainqueur, d'ans & d'honneurs chargé,
Fit consacrer au Dieu qui l'avoit protegé.
Peut on les employer pour un plus noble usage?
Venez, je veux moy-même en faire le partage.

      (a) l'Eglise. (b) les Gentils. (c) aux Lévites.

Salomith.
Que de craintes, mes fleurs, que de troubles mortels Dieu tout puissant sont ce-la les premi-ces les par fums, & les sacri-fices qu'on de
voit en ce jour offrir sur tes Autels Quel spectacle à nos yeux timides
Une autre.
qui l'eût cru qu'on dust voir jamais les glaives meurtriers, les lances homici-

Une suite.
des briller dans la maison de paix. Dans ce peril dans
Salomith.
ce desordre extrême, pour qui prepare t'on le sacré dia- deme Le Seigneur a daigné parler mais ce qu'à son Prophete il vient de reveler qui pourra nous le faire entendre s'arme t'il pour nous defendre s'arme t'il pour nous ac-

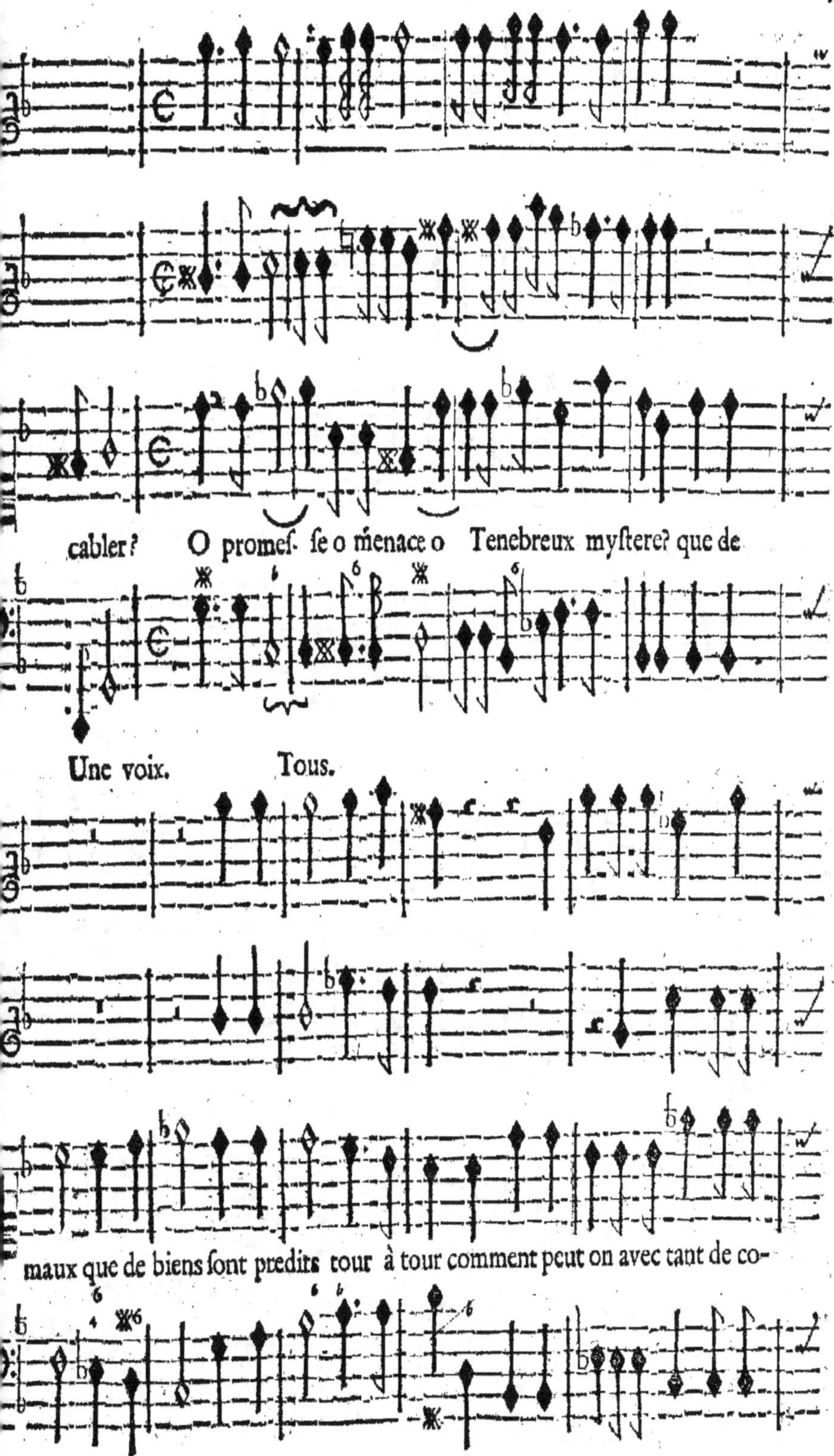
cabler?   O promef· se o menace o   Tenebreux myftere? que de
Une voix.   Tous.
maux que de biens font predits tour à tour comment peut on avec tant de co-

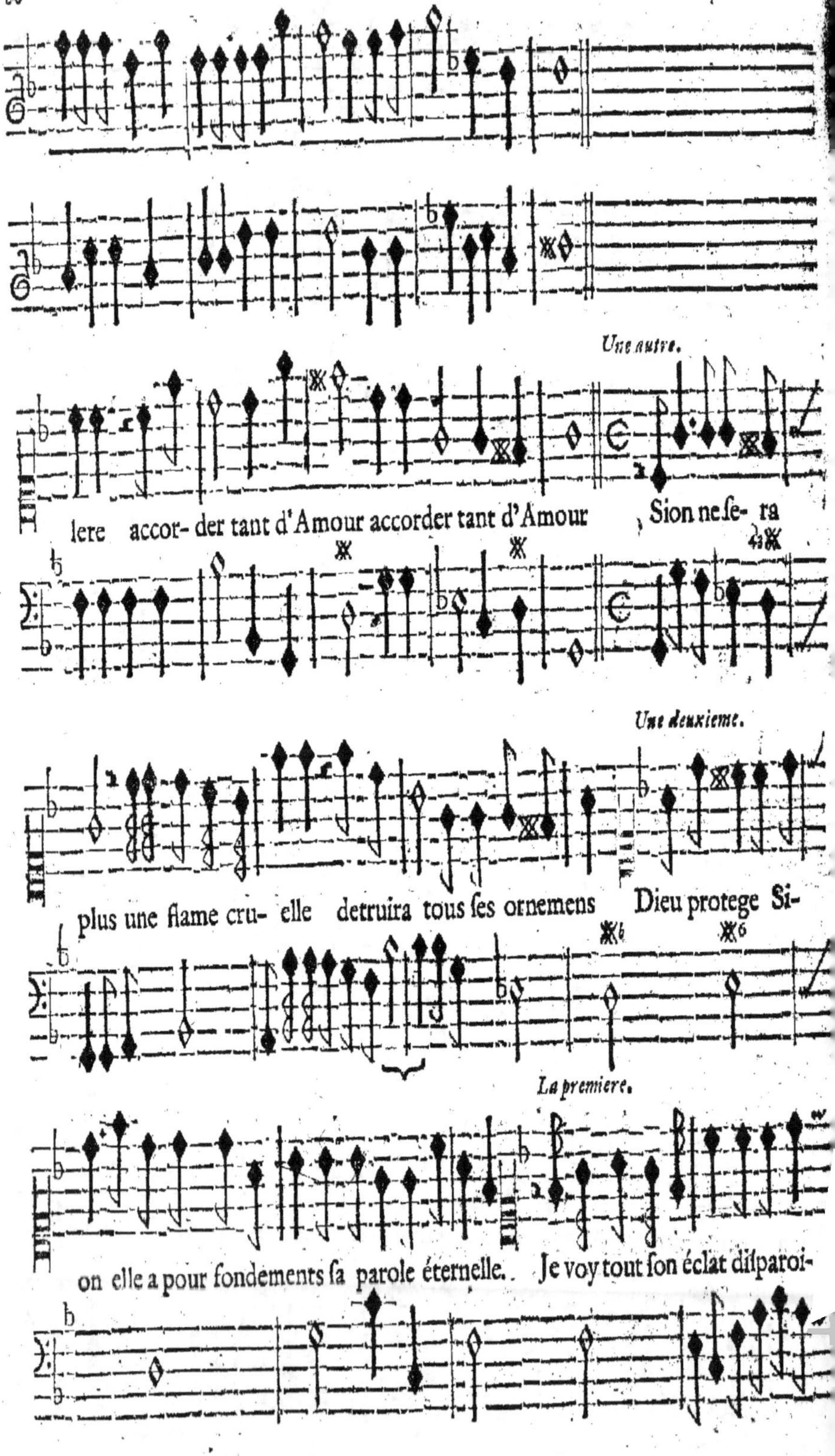

Une autre.
lere accor- der tant d'Amour accorder tant d'Amour
Sion ne fe- ra
Une deuxieme.
plus une flame cru- elle detruira tous fes ornemens
Dieu protege Si-
La premiere.
on elle a pour fondements fa parole éternelle.
Je voy tout fon éclat dilparoi-

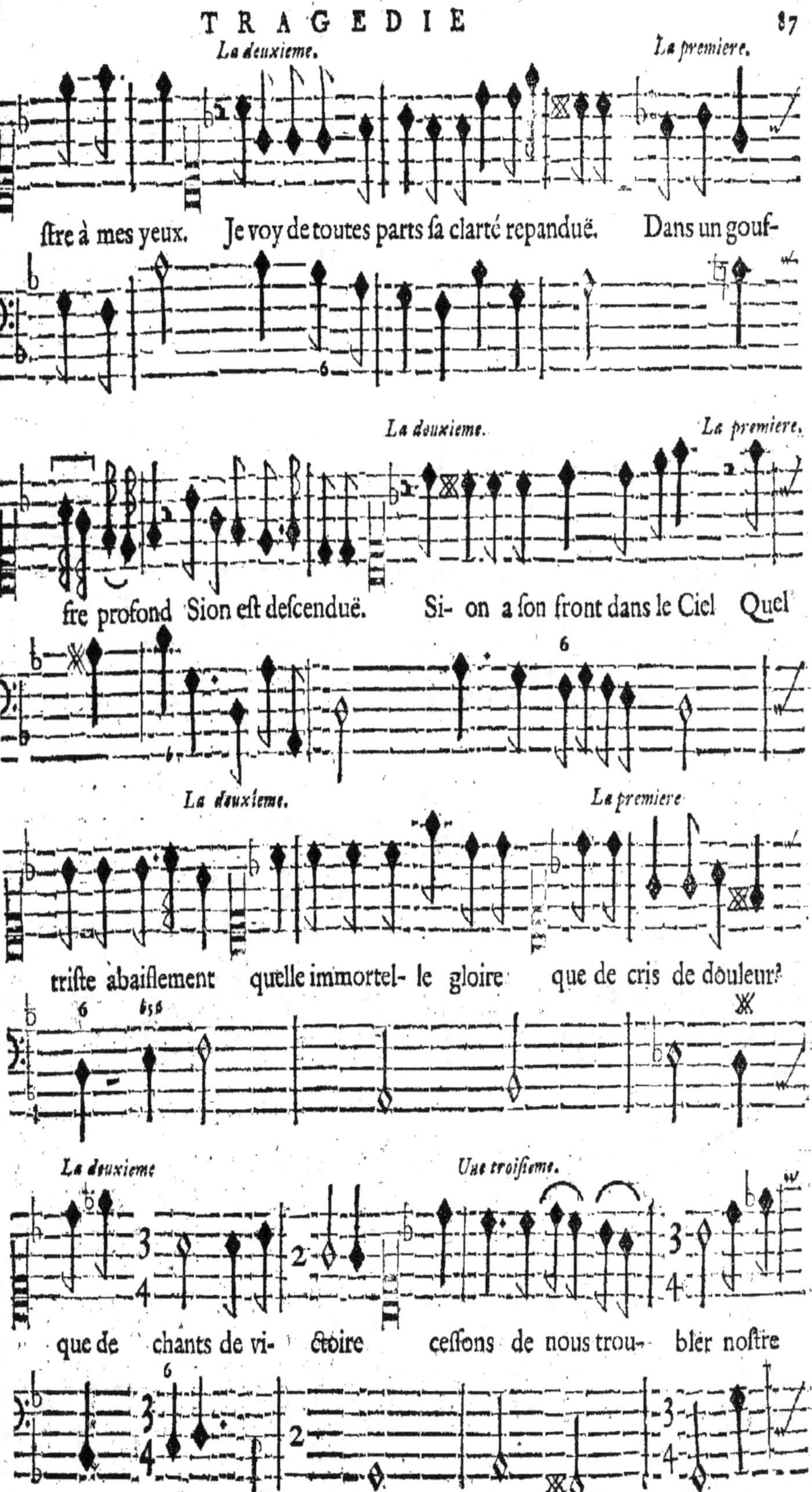
La deuxieme.
La premiere.
stre à mes yeux.   Je voy de toutes parts sa clarté repanduë.   Dans un gouf-
La deuxieme.
La premiere.
fre profond   Sion est descenduë.   Si- on a son front dans le Ciel   Quel
La deuxieme.
La premiere
triste abaissement   quelle immortel- le gloire   que de cris de douleur?
La deuxieme
Une troisieme.
que de   chants de vi-   ctoire   cessons de nous trou-   bler nostre

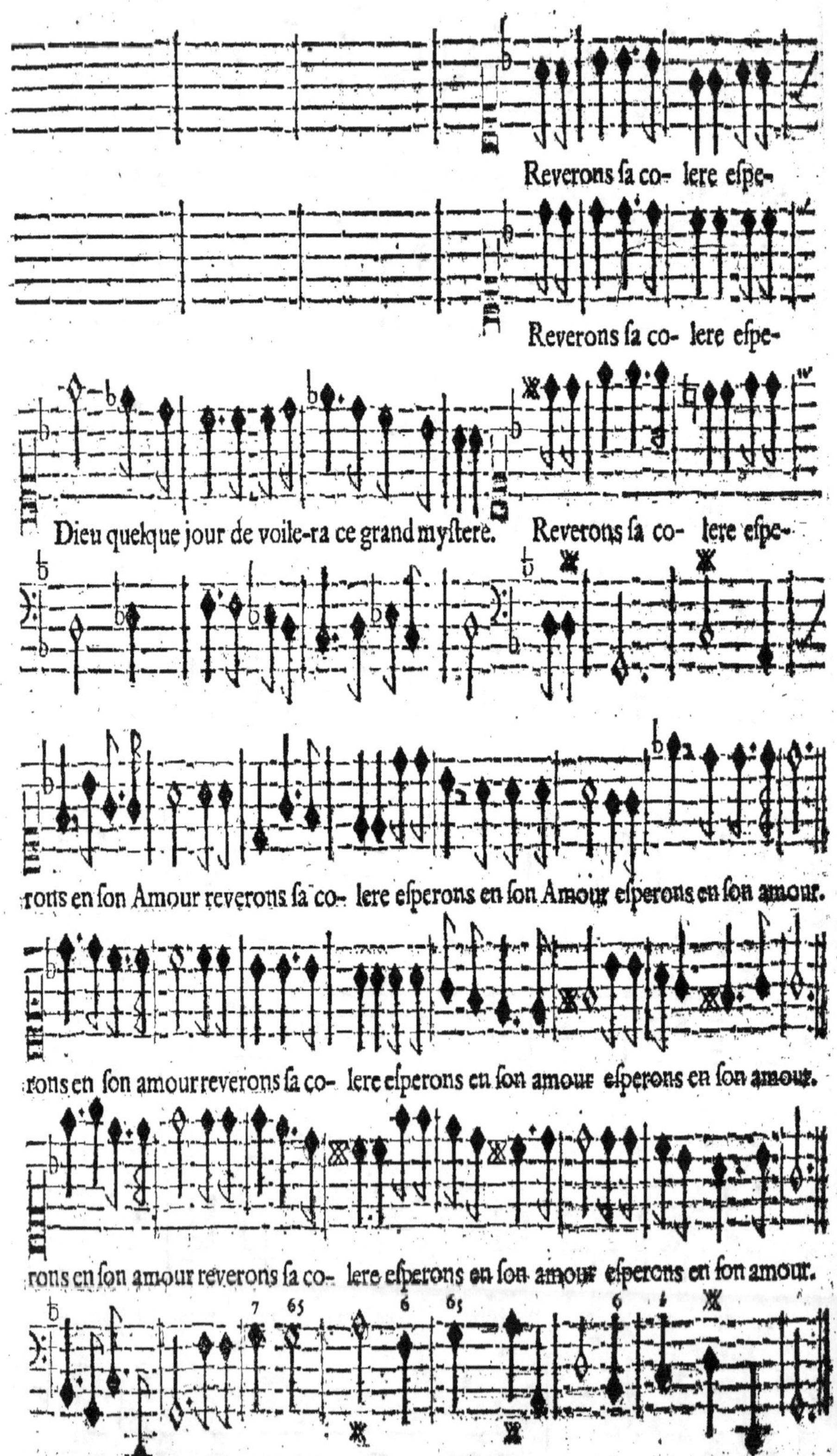

Reverons fa co- lere efpe-
Reverons fa co- lere efpe-
Dieu quelque jour de voile-ra ce grand myftere. Reverons fa co- lere efperons en fon Amour reverons fa co- lere efperons en fon Amour efperons en fon amour.
rons en fon amour reverons fa co- lere efperons en fon amour efperons en fon amour.
rons en fon amour reverons fa co- lere efperons en fon amour efperons en fon amour.

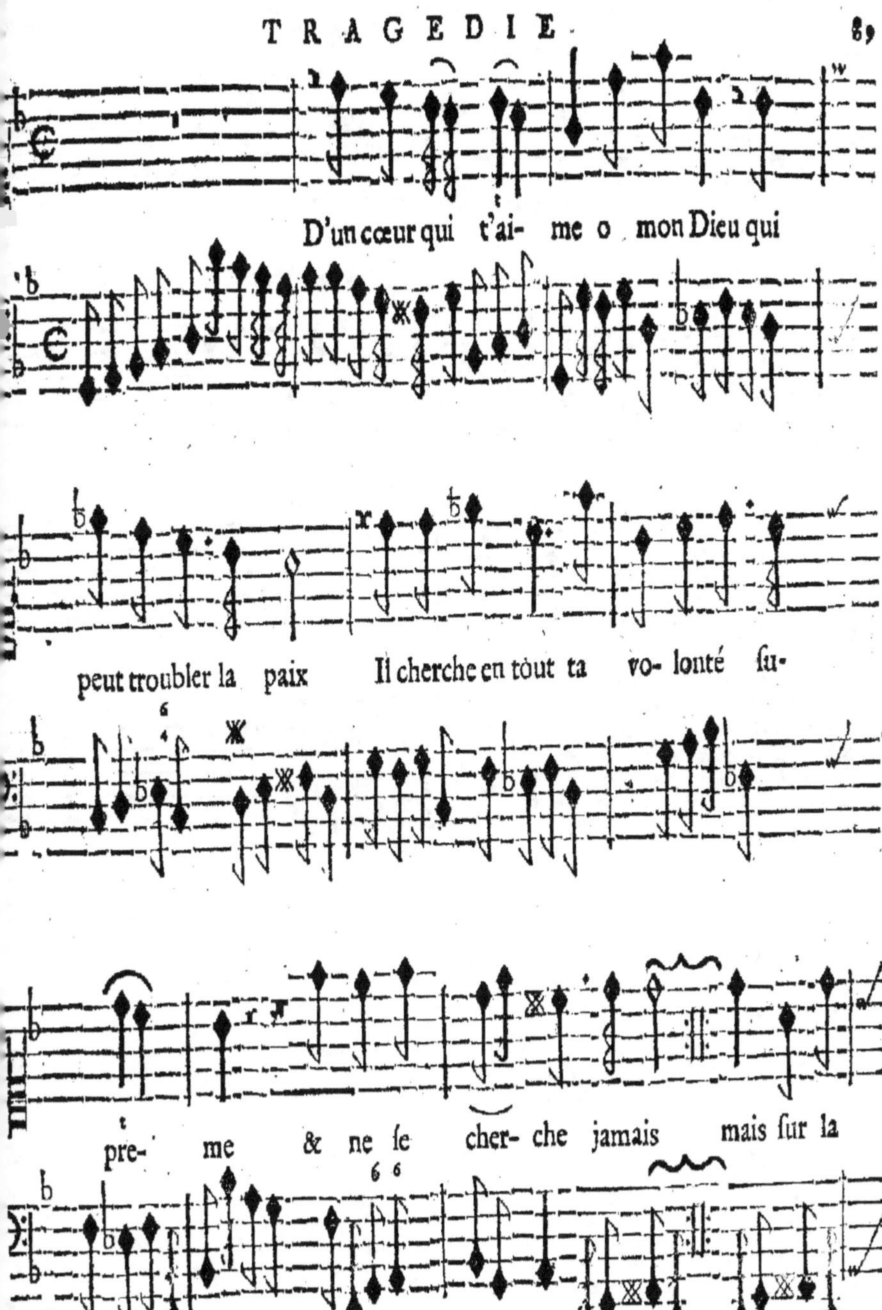
D'un cœur qui t'ai- me o mon Dieu qui
peut troubler la paix Il cherche en tout ta vo- lonté su-
pre- me & ne fe cher- che jamais mais sur la

M

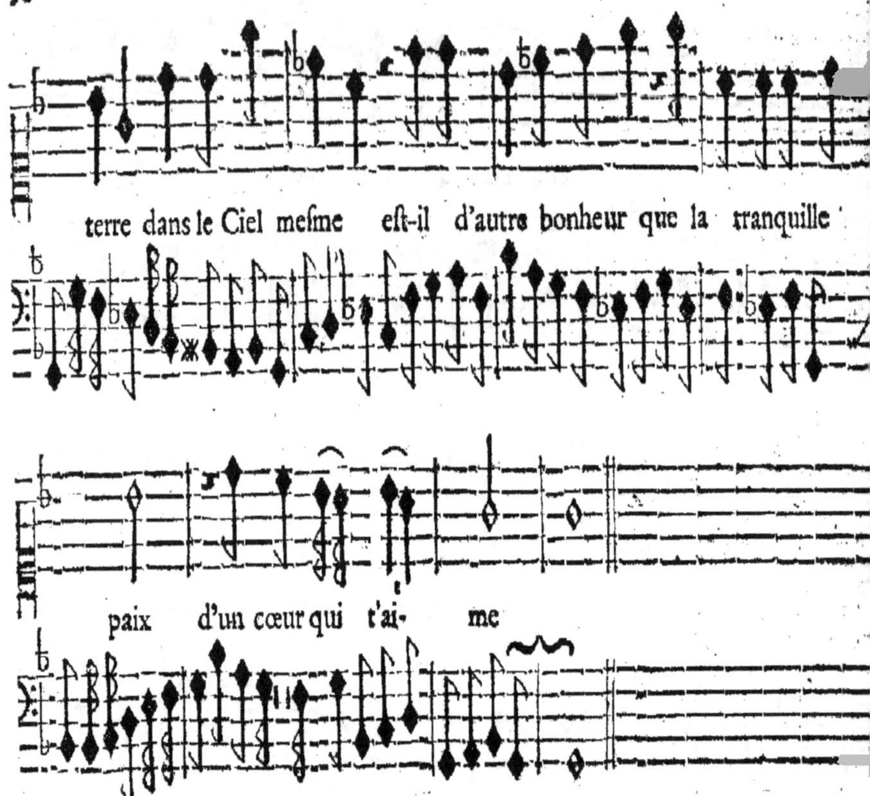
terre dans le Ciel mesme est-il d'autre bonheur que la tranquille
paix d'un cœur qui t'ai-me

ACTE IV.

SCENE PREMIERE.

IOAS, IOSABET, ZACHARIE,
SALOMITH, UN LEVITE,
LE CHOEUR.

SALOMITH.

D'Un pas majestueux à costé de ma Mere
Le jeune Eliacin s'avance avec mon Frere.
Dans ces voiles, mes Sœurs, que portent-ils tous deux;
Quel est ce glaive enfin qui marche devant eux?
IOSABET *à Zacharie.*
Mon fils, avec respect posez sur cette table
De nostre sainte Loy le Livre redoutable.
Et vous aussi, posez, aimable Eliacin,
Cet auguste Bandeau prés du Livre divin.
Lévite, il faut placer ∫ Joad ainsi l'ordonne,
Le glaive de David aupres de sa couronne.
IOAS.
Princesse, quel est donc ce spectacle nouveau?
Pourquoy ce Livre saint, ce glaive, ce bandeau;
Depuis que le Seigneur m'a receu dans son Temple,
D'un semblable appareil je n'ay point veu d'exemple.
IOSABET.
Tous vos doutes, mon fils, bientost s'éclairciront.
IOAS.
Vous voulez essayer ce bandeau sur mon front;
Ah Princesse! Gardez d'en profaner la gloire.
Du Roy qui l'a porté respectez la memoire.
Un malheureux Enfant aux Ours abandonné....
IOSABET *luy essayant le Diademe.*
Laissez, mon fils, je fais ce qui m'est ordonné.
IOAS.
Mais j'entens les sanglots sortir de vostre bouche!
Princesse, vous pleurez? Quelle pitié vous touche;
Est-ce qu'en holocauste aujourd'hui présenté
Je dois, comme autrefois la fille de Jephté,
Du Seigneur par ma mort appaiser la colere;
Hélas, un fils n'a rien qui ne soit à son pere.
IOSABET.
Voicy qui vous dira les volontez des cieux.
Ne craignez rien. Et nous, sortons tous de ces lieux.

SCE-

SCENE II.

IOAD, IOAS.

IOAS courant dans les bras du grand Prestre.

Mon pere !

IOAD.

Hé bien, mon fils ;

IOAS.

Qu'est-ce donc qu'on prépare !

IOAD.

Il est juste, mon fils, que je vous le déclare.
Il faut que vous soyez instruit, même avant tous,
Des grands desseins de Dieu sur son peuple, & sur vous
Armez vous d'un courage & d'une foy nouvelle.
Il est temps de monstrer cette ardeur & ce zele,
Qu'au fond de vostre cœur mes soins ont cultivez,
Et de payer à Dieu ce que vous lui devez.
Sentez-vous cette noble & genereuse envie ?

JOAS.

Je me sens prest s'il veut, de lui donner ma vie.

IOAD.

On vous a lû souvent l'histoire de nos Rois.
Vous souvient-il, mon fils, quelles étroittes lois
Doit s'imposer un Roy digne du diadême ;

IOAS.

Un Roy sage, ainsi Dieu l'a * prononcé lui-même,
Sur la richesse & l'or ne met point son appui,
Craint le Seigneur son Dieu, sans cesse a devant lui
Ses préceptes, ses loix, ses jugemens féveres,
Et d'injustes fardeaux n'accable point ses freres.

IOAD.

Mais sur l'un de ces Rois s'il falloit vous regler ;
A qui choisiriez-vous, mon fils, de ressembler ?

IOAS.

David, pour le Seigneur plein d'un amour fidelle,
Me paroist des grands Rois le plus parfait modelle.

IOAD.

Ainsi dans leurs excés vous n'imitieriez pas
L'infidele Joram, l'impie Okosias.

IOAS.

O mon pere !

IOAD.

Achevez, dites, que vous en semble ?

IOAS.

Puisse périr comme eux quiconque leur ressemble.
Mon pere, en quel estat vous vois-je devant moy ?

JOAD

* *Deuter. ch. 17.*

IOAD *se proſternans à ſes pieds.*

Je vous rends le reſpect, que je dois à mon Roy.
De voſtre ayeul David, Joas, rendez-vous digne.

IOAS.

Joas? Moy?

IOAD.

Vous ſçaurez par quelle grace inſigne,
D'une Mere en fureur Dieu trompant le deſſein,
Quand déja ſon poignard eſtoit dans voſtre ſein,
Vous choiſit, vous ſauva du milieu du carnage,
Vous n'eſtes pas encore échappé de ſa rage.
Avec la même ardeur qu'elle voulut jadis
Perdre en vous le dernier des Enfans de ſon Fils,
A vous faire périr ſa cruauté s'attache,
Et vous pourſuit encor ſous le nom qui vous cache.
Mais ſous vos étendars j'ay déja ſceu ranger
Un peuple obeïſſant & promt à vous vanger.
Entrez, genereux Chefs des Familles ſacrées,
Du miniſtere ſaint tour à tour honorées.

S C E N E   III.

IOAS, IOAD, AZARIAS, ISMAEL.

& les trois autres Chefs des Lévites.

IOAD *continuë.*

Roy, voilà vos Vangeurs contre vos ennemis.
Preſtres, voilà le Roy que je vous ay promis.

AZARIAS.

Quoy c'eſt Eliacin?

ISMAEL.

Quoy cet Enfant aimable...

IOAD.

Eſt des Rois de Juda l'heritier veritable,
Dernier né des Enfans du triſte Okoſias,
Nourri, vous le ſçavez, ſous le nom de Joas.
De cette fleur ſi tendre & ſi toſt moiſſonnée
Tout Juda, comme vous, plaignant la deſtinée,
Avec ſes Freres morts le crut enveloppé.
Du perfide coûteau comme eux il fut frappé.
Mais Dieu du coup mortel ſçût détourner l'atteinte,
Conſerva dans ſon cœur la chaleur preſque éteinte,
Permit que des bourreaux trompant l'œil vigilant
Joſabet dans ſon ſein l'emportaſt tout ſanglant,
Et n'ayant de ſon vol que moy ſeul pour complice,
Dans le Temple cachaſt l'Enfant & la Nourrice.

JOAS.

ATHALIE

JOAS.

Hélas ! de tant d'amour & de tant de bienfaits,
Mon pere, quel moyen de m'acquitter jamais ?

IOAD.

Gardez pour d'autres temps cette reconnoissance.
Voilà donc vostre Roy, vostre unique esperance.
J'ay pris soin jusqu'icy de vous le conserver.
Ministres du Seigneur, c'est à vous d'achever.
Bien-tost de Jézabel la Fille meurtriere
Instruite que Joas voit encor la lumiere,
Dans l'horreur du tombeau viendra le replonger.
Déja sans le connoistre elle veut l'égorger.
Prestres saints, c'est à vous de prevenir sa rage.
Il faut finir des Juifs le honteux esclavage,
Vanger vos Princes morts, relever vostre Loy,
Et faire aux deux Tribus reconnoistre leur Roy.
L'entreprise sans doute est grande & perilleuse.
J'attaque sur son trône une Reine orgueilleuse,
Qui voit sous ses drapeaux marcher un camp nombreux
De hardis Estrangers, d'infidelles Hébreux.
Mais ma force est au Dieu, dont l'interest me guide.
Songez qu'en cet Enfant tout Israël réside.
Déja ce Dieu vangeur commence à la troubler.
Déja trompant ses soins j'ay sceu vous rassembler.
Elle nous croit icy sans armes, sans défense.
Couronnons, proclamons Ioas en diligence.
De là, du nouveau Prince intrepides soldats,
Marchons, en invoquant l'Arbitre des combats,
Et réveillant la foy dans les cœurs endormie,
Jusques dans son Palais cherchons nostre Ennemie.
Et quels cœurs si plongez dans un lâche sommeil,
Nous voyant avancer dans ce saint appareil,
Ne s'empresseront pas à suivre nostre exemple ?
Un Roy, que Dieu lui-même a nourri dans son Temple,
Le successeur d'Aaron de ses Prestres suivi,
Conduisant au combat les Enfans de Lévi,
Et dans ces mêmes mains des peuples révérées,
Les armes au Seigneur par David consacrées ;
Dieu sur ses ennemis répandra sa terreur.
Dans l'infidele sang baignez-vous sans horreur.
Frappez & Tyriens, & même Israëlites.
Ne descendez-vous pas de ces fameux Levites,
Qui lorsqu'au Dieu du Nil le volage Israël
Rendit dans le desert un culte criminel ;
De leurs plus chers parens saintement homicides,
Consacrerent leurs mains dans le sang des perfides,
Et par ce noble exploit vous acquirent l'honneur
D'estre seuls employez aux Autels du Seigneur ;

Mais

Mais je voy que déja vous brûlez de me suivre.
Jurez donc avant tout sur cet auguste Livre
A ce Roy que le Ciel vous redonne aujourd'hui,
De vivre, de combattre, & de mourir pour lui.

AZARIAS.

Ouy, nous jurons icy pour nous, pour tous nos Freres,
De rétablir Joas au trône de ses Peres,
De ne poser le fer entre nos mains remis,
Qu'aprés l'avoir vangé de tous ses ennemis.
Si quelque transgresseur enfraint cette promesse,
Qu'il éprouve, grand Dieu, ta fureur vangeresse :
Qu'avec luy, ses enfans de ton partage exclus
Soient au rang de ces morts, qne tu ne connois plus.

JOAD.

Et vous, à cette Loy, voftre regle éternelle,
Roy, ne jurez-vous pas d'eftre toûjours fidelle ;

JOAS.

Pourrois-je à cette Loy ne me pas conformer ;

JOAD.

O mon fils, de ce nom j'ose encor vous nommer,
Souffrez cette tendresse, & pardonnez aux larmes
Que m'arrachent pour vous de trop justes allarmes.
Loin du trône nourri, de ce fatal honneur
Helas? vous ignorez le charme empoisonneur.
De l'absolu pouvoir vous ignorez l'yvresse,
Et des lâches Flatteurs la voix enchanteresse.
Bientoft ils vous diront, que les plus faintes Lois,
Maiftresses du vil peuple, obeïssent aux Rois ;
Qu'un Roy n'a d'autre frein que sa volonté même ;
Qu'il doit immoler tout à sa grandeur suprême ;
Qu'aux larmes, au travail le Peuple est condamné,
Et d'un sceptre de fer veut eftre gouverné ;
Que s'il n'est opprimé, toft ou tard il opprime.
Ainsi de piege en piege, & d'abîme en abîme,
Corrompant de vos mœurs l'aimable pureté,
Ils vous feront enfin haïr la Verité.
Vous peindront la vertu sous une affreuse image.
Hélas! ils ont des Rois égaré le plus fage.
    Promettez fur ce Livre & devant ces Témoins.
Que Dieu fera tousjours le premier de vos foins,
Que fevere aux Méchans, & des Bons le refuge,
Entre le Pauvre & vous, vous prendrez Dieu pour juge ;
Vous souvenant, mon fils, que caché fous ce lin
Comme eux vous fûtes pauvre, & comme eux orphelin.

IOAS.

Je promets d'observer ce que la Loy m'ordonne.
Mon Dieu puniffez-moy, fi je vous abandonne.

JOAD.

                                              Ve-

ATHALIE

Venez, de l'huile sainte il faut vous consacrer.
Paroissez, Iosabet, vous pouvez vous montrer.

SCENE IV.

IOAS, IOAD, JOSABET, ZACHARIE, AZA-
RIAS, &c. SALOMITH, LE CHOEUR.

IOSABET *embrassant Joas.*

O Roy, fils de David.

IOAS.

O mon unique Mere
Venez, cher Zacharie, embrasser vostre frere.

IOSABET *à Zacharie.*

Aux pieds de vostre Roy prosternez-vous, mon fils.

IOAD *pendant qu'ils s'embrassent*

Enfans, ainsi tousjours puissiez-vous estre unis!

IOSABET *à Joas.*

Vous sçavez donc quel sang vous a donné la vie;

IOAS.

Et je sçay quelle main sans vous me l'eust ravie.

IOSABET.

De Vostre nom, Ioas, je puis donc vous nommer.

IOAS.

Ioas ne cessera jamais de vous aimer.

LE CHOEUR.

Quoy, c'est là ..

IOSABET.

C'est Ioas.

IOAD.

Ecoutons ce Lévite.

SCENE V.

IOAS, IOSABET, IOAD, &c. UN
LEVITE.

UN LEVITE.

J'ignore contre Dieu quel projet on médite?
Mais l'airain menaçant fremit de toutes parts.
On voit luire des feux parmi des étendars.
Et sans doute Athalie assemble son armée.
Déja même au secours toute voye est fermée.
Déja le sacré mont, où le Temple est basti,
D'insolens Tyriens est par tout investi.
L'un deux en blasphêmant, vient de nous faire entendre
Qu'Abner est dans les fers, & ne peut nous défendre.

JOSABET, *à Joas.*

Cher Enfant, que le Ciel en vain m'avoit rendu,

Helas!

Helas! pour vous sauver j'ay fait ce que j'ay pu.
Dieu ne se souvient plus de David vostre pere.
IOAD.
Quoy? vous ne craignez pas d'attirer sa colere
Sur vous, & sur ce Roy si cher à vostre amour;
Et quand Dieu de vos bras l'arrachant sans retour
Voudroit que de David la Maison fust éteinte?
N'estes-vous pas icy sur la Montagne sainte,
Où * le Pere des Iuifs sur son fils innocent
Leva sans murmurer un bras obeïssant,
Et mit sur un bucher ce fruit de sa vieillesse,
Laissant à Dieu le soin d'accomplir sa promesse,
Et lui sacrifiant avec ce fils aimé
Tout l'espoir de sa Race en lui seul renfermé;
Amis, partageons nous. Qu'Ismael en sa garde,
Prenne tout le costé que l'Orient regarde.
Vous, le costé de l'Ourse, & vous de l'Occident.
Vous le Midy. Qu'aucun par un zele imprudent,
Decouvrant mes desseins, soit Prestre, soit Levite,
Ne sorte avant le temps, & ne se précipite.
Et que chacun enfin d'un même esprit poussé
Garde en mourant le poste où je l'auray placé.
L'Ennemi nous regarde en son aveugle rage
Comme de vils troupeaux réservez au carnage,
Et croit ne rencontrer que desordre & qu'effroy.
Qu'Azarias par tout accompagne le Roy.
Venez, cher rejetton d'une vaillante Race,
Remplit vos Défenseurs d'une nouvelle audace.
Venez du diadême à leurs yeux vous couvrir,
Et perissez du moins en Roy. s'il faut perir.
Suivez le, Josabet. Vous, * donnez-moy ces armes.
Enfans, offrez à Dieu vos innocentes larmes.

SCENE VI.

SALOMITH, LE CHOEUR.
TOUT LE CHOEUR *Chante.*

* *Abraham.* * *à un Lévite.*

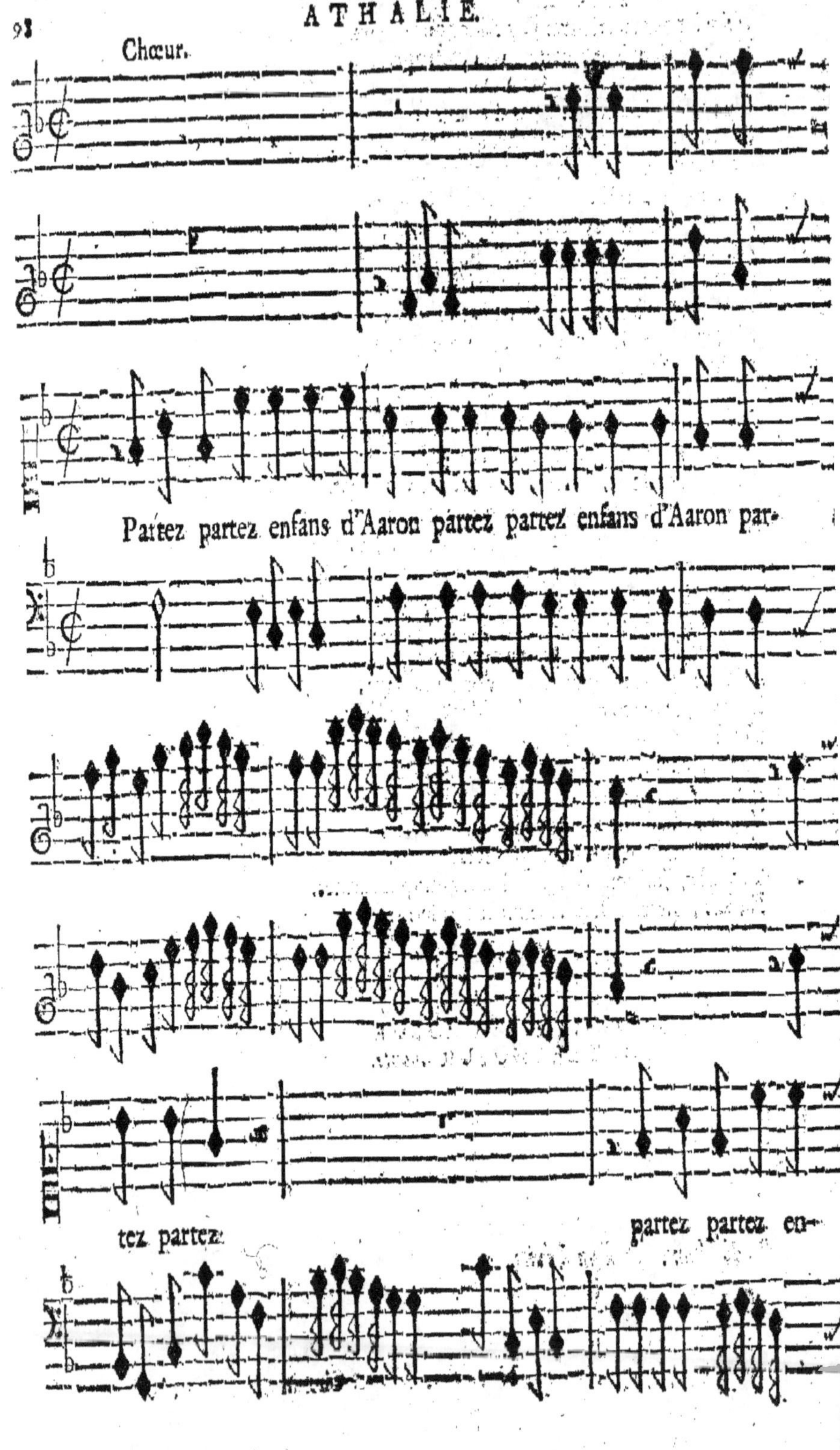
Chœur.
Partez partez enfans d'Aaron partez partez enfans d'Aaron partez partez
partez partez en-

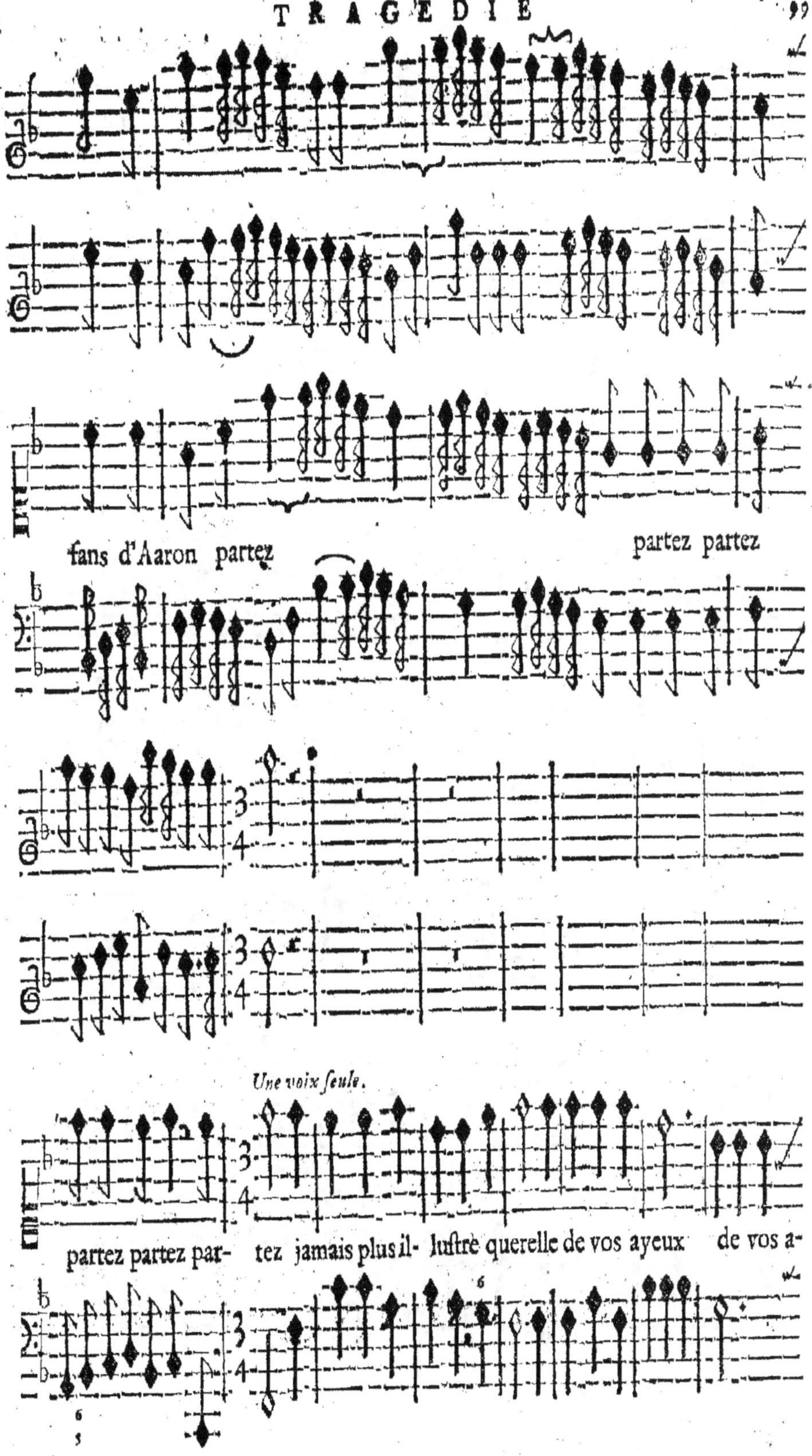
fans d'Aaron partez
partez partez
Une voix seule.
partez partez par- tez jamais plus il- luftre querelle de vos ayeux de vos a-

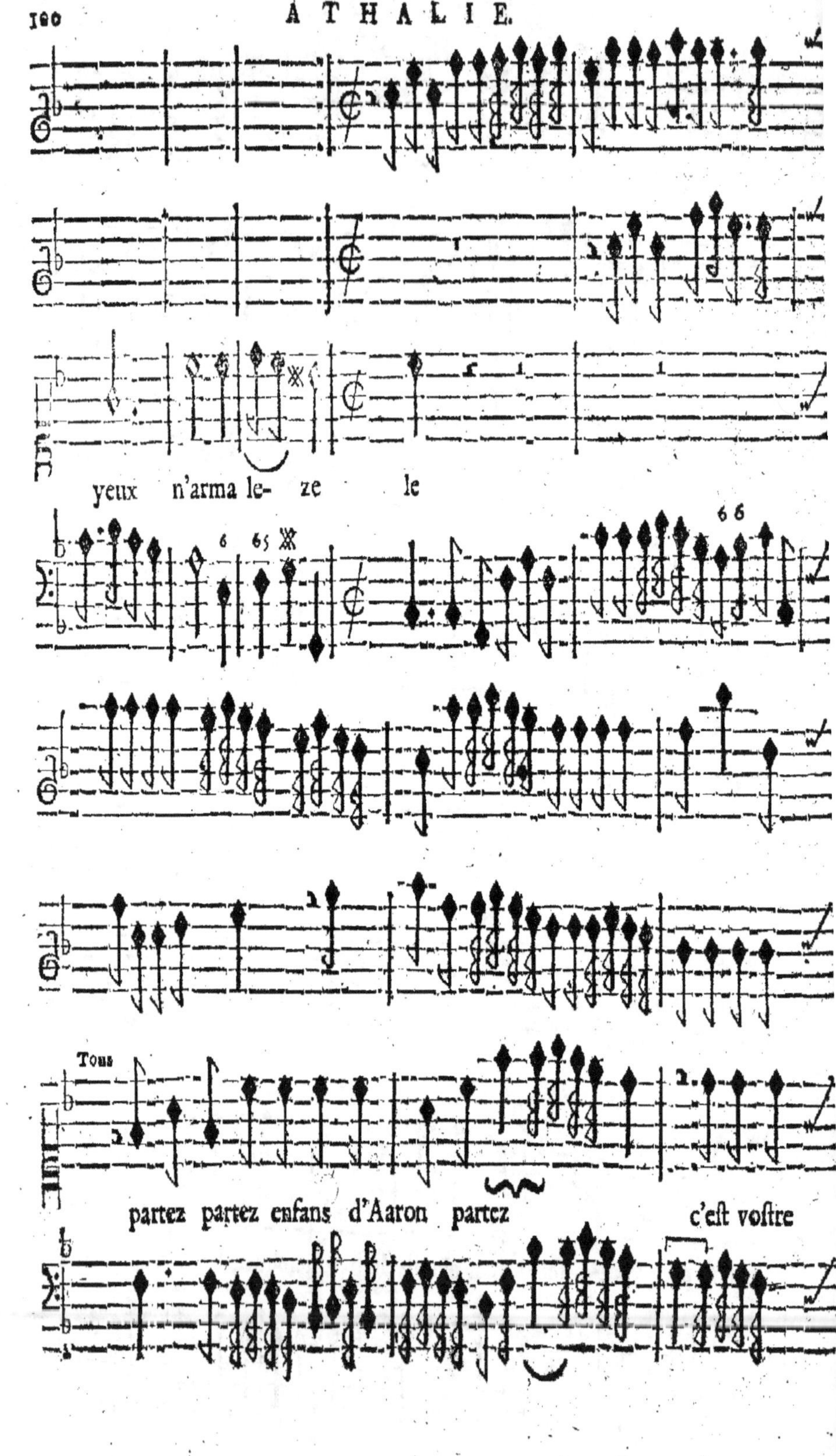
yeux n'arma le- ze le
partez partez enfans d'Aaron partez   c'est voftre

Roy c'est voſtre Dieu pour qui vous combattez, c'est voſtre Roy c'est voſtre
Une voix seule.
Dieu pour qui pour qui vous combattez
Ou ſont les traits que tu

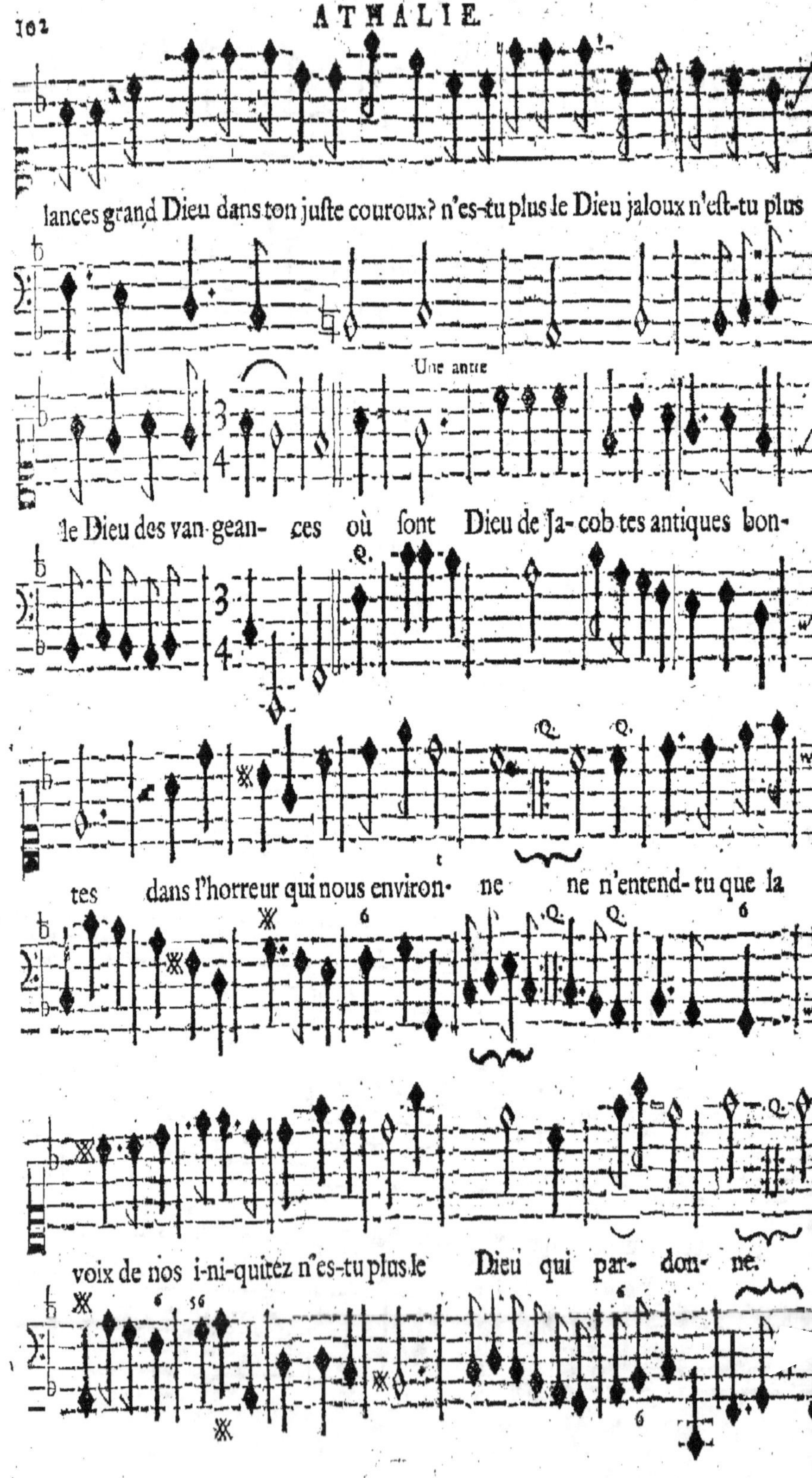
lances grand Dieu dans ton juste couroux? n'es-tu plus le Dieu jaloux n'est-tu plus
Une autre
le Dieu des van-gean- ces où font Dieu de Ja-cob tes antiques bon-
tes   dans l'horreur qui nous environ- ne   ne n'entend- tu que la
voix de nos i-ni-quitéz n'es-tu plus le Dieu qui par- don- ne.

Chœur.
Une voix seule.
Où sont, Dieu de Jacob, tes Antiques bontez ?
C'est à toy que dans cette
guerre les fléches des méchans pretendent s'adresser, faisons, disent-ils cesser les
festes de Dieu sur la ter- re de son joug importun delivrons les mor- tels.

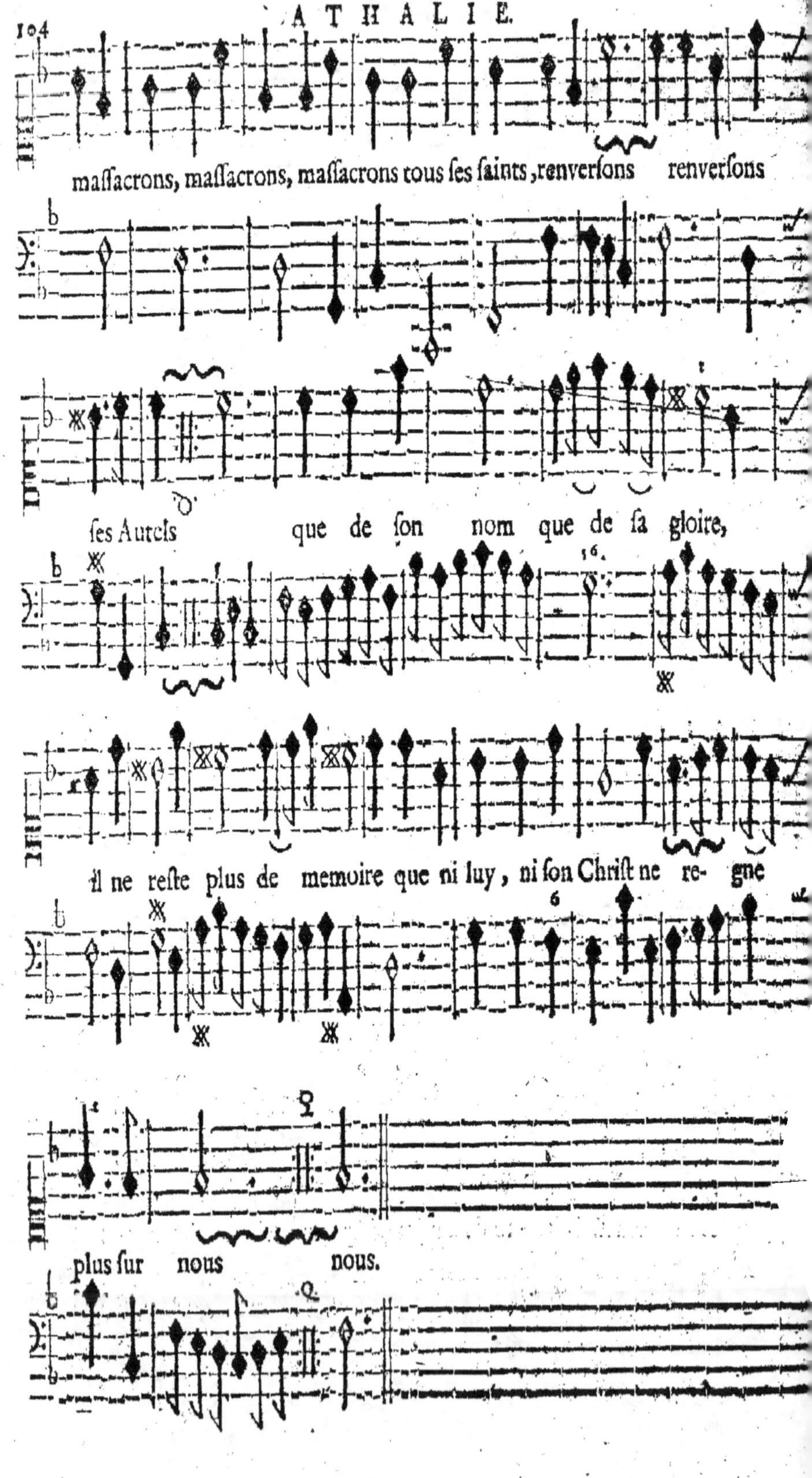
maſſacrons, maſſacrons, maſſacrons tous ſes ſaints, renverſons renverſons
ſes Autels que de ſon nom que de ſa gloire,
il ne reſte plus de memoire que ni luy, ni ſon Chriſt ne re- gne
plus ſur nous nous.

Chœur.

Où sont les traits que tu lances grand Dieu dans ton juste courroux
n'es-tu plus le Dieu jaloux ? n'es-tu plus le Dieu des vangeances

O

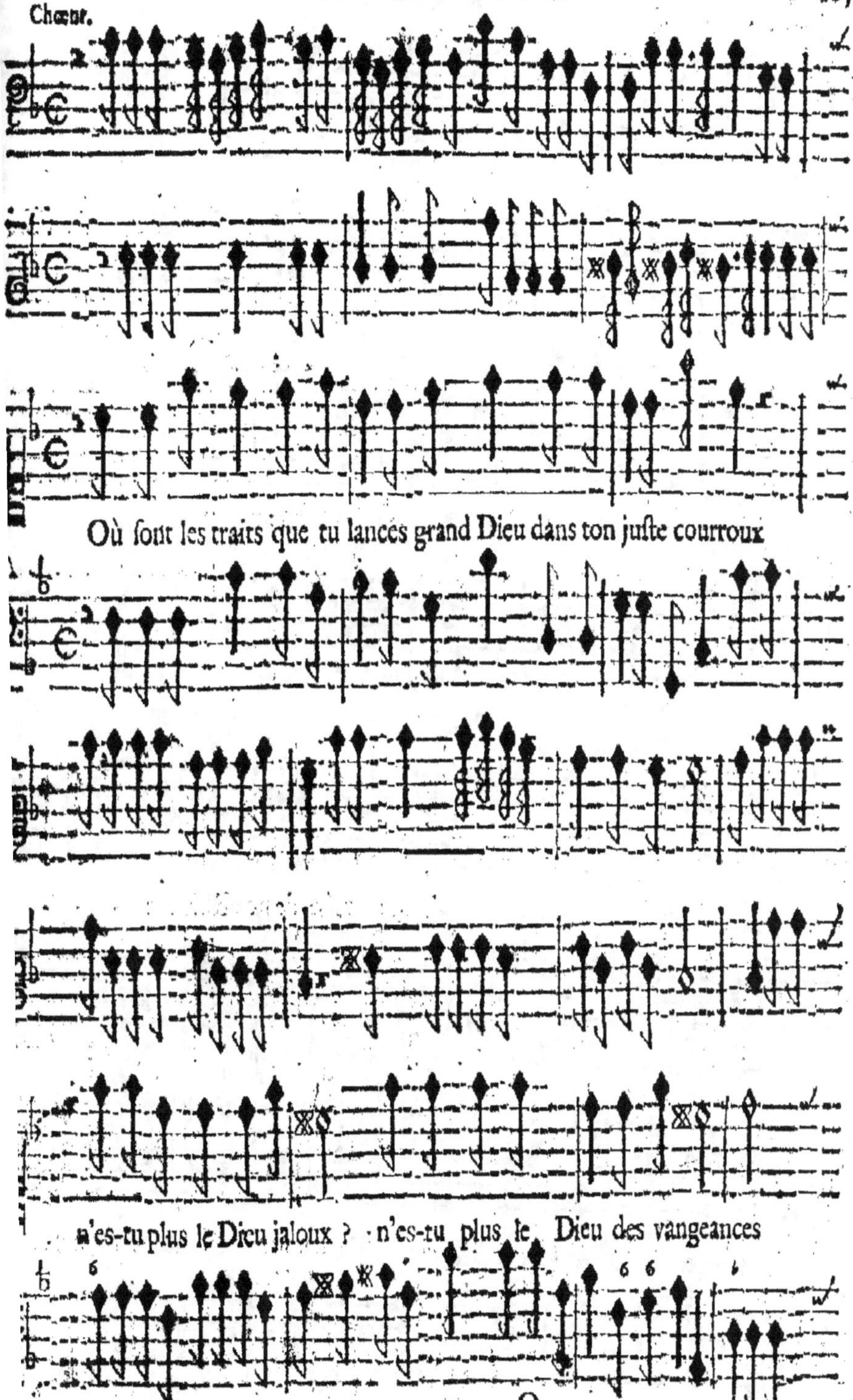

n'es-tu plus le Dieu jaloux n'es-tu plus le Dieu des vangeances.
Triste reste, de nos Rois che-
re & derniere fleur d'une Tige si bel- le- he- las fous le couteau d'une me-

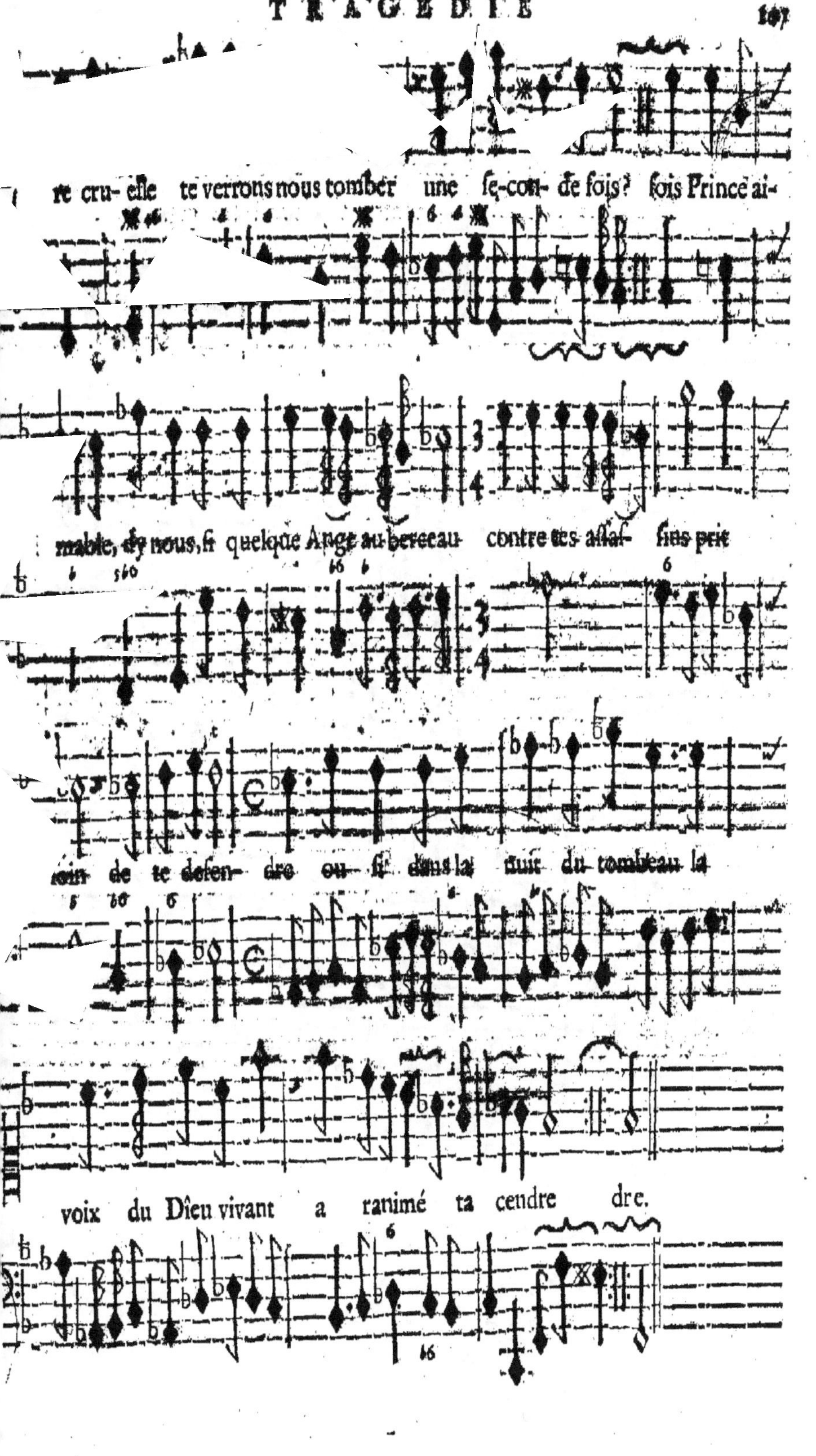
re cru- elle te verrons nous tomber une fe-con- de fois? fois Prince ai-
mable, dy nous, fi quelque Ange au berceau contre tes affaf- fins prit
foin de te defen- dre ou fi dans la nuit du tombeau la
voix du Dieu vivant a ranimé ta cendre dre.

Une voix.
D'un Pere & d'un Ayeul, contre toy revol-tez grand Dieu
les attentats luy sont - ils imputez est-ce que sans retour ta pi- tié l'aban- donne.

Où sont Dieu de Ja-cob tes Antiques bontez n'es-tu plus le Dieu qui
par-don-ne.

ACTE V.

SCENE PREMIERE.

ZACHARIE, SALOMITH, LE CHOEUR.

SALOMITH.

CHer Zacharie, hé bien; Que nous apprenez-vous;

ZACHARIE.

Redoublez au Seigneur voſtre ardente priere.
Peut-eſtre nous touchons à noſtre heure derniere.
Pour l'horrible combat, ma Sœur, l'ordre eſt donné.

SALOMITH.

Que fait Joas?

ZACHARIE.

Joas vient d'eſtre couronné.
Le grand Preſtre a ſur lui répandu l'huile ſainte.
O Ciel! dans tous les yeux quelle joye eſtoit peinte
A l'aſpect de ce Roy ſacheté du tombeau!
Ma Sœur, on voit encor la marque du coûteau.
On voit paroiſtre auſſi ſa fidelle Nourrice,
Qui cachée en un coin de ce vaſte édifice
Gardoit ce cher dépoſt, & n'avoit de ſes ſoins
Que les yeux de ma Mere, & que Dieu pour témoins:
Nos Lévites pleuroient de joie & de tendreſſe,
Et meſloient leurs ſanglots à leurs cris d'allegreſſe.
Lui, parmi ces tranſports affable, & ſans orgueil,
A l'un tendoit la main, flattoit l'autre de l'œil,
Juroit de ſe regler par leurs avis ſinceres,
Et les appelloit tous ſes peres ou ſes freres.

SALOMITH.

Ce ſecret au dehors eſt-il auſſi ſemé?

ZACHARIE.

Ce ſecret dans le Temple eſt encor renfermé.
Des Enfans de Lévi la troupe partagée
Dans un profond ſilence aux portes s'eſt rangée.
Tous doivent à la fois précipiter leurs pas,
Et crier pour ſignal, Vive le Roy Joas.
Mais mon Pere défend que le Roy ſe hazarde,
Et veut qu'Azarias demeure pour ſa garde.
Cependant Athalie un poignard à la main
Rit des foibles remparts de nos portes d'airain.
Pour les rompre, elle attend les fatales machines,
Et ne reſpire enfin que ſang & que ruïnes.
Quelques Preſtres, ma Sœur, ont d'abord propoſé

Qu'en

Qu'en un lieu soûterrain par nos peres creusé
On renfermast du moins nostre Arche précieuse.
O crainte, a dit mon Pere, indigne, injurieuse!
L'Arche, qui fit tomber tant de superbes tours,
Et força le Jourdain de rebrousser son cours,
Des Dieux des Nations tant de fois triomphante,
Fuiroit donc à l'aspect d'une Femme insolente?
Ma Mere auprés du Roy, dans un trouble mortel,
L'œil tantost sur ce Prince, & tantost vers l'Autel,
Müette, & succombant sous le poids des allarmes,
Aux yeux les plus cruels arracheroit des larmes.
Le Roy de temps en temps la presse entre ses bras,
La flatte... Cheres Sœurs, suivez toutes mes pas,
Et s'il faut aujourd'hui que nostre Roy perisse,
Allons, qu'un même sort avec lui nous unisse.

SALOMITH.

Quelle insolente main frappe à coups redoublez?
Qui fait courir ainsi ces Lévites troublez?
Quelle précaution leur fait cacher leurs armes?
Le Temple est il forcé?

ZACHARIE.

> Dissipez vos allarmes.

Dieu nous envoye Abner.

SCENE II.

ABNER, JOAD, JOSABET, ZACHARIE,
SALOMITH, ISMAEL, DEUX LEVITES,
&c.

JOAD.

En croiray-je mes yeux,
Cher Abner? Quel chemin a pû jusqu'en ces lieux
Vous conduire au travers d'un camp qui nous assiege?
On disoit que d'Achab la Fille sacrilege
Avoit, pour assurer ses projets inhumains,
Chargé d'indignes fers vos genereuses mains.

ABNER.

Ouy, Seigneur, elle a craint mon zele & mon courage.
Mais c'est le moindre prix que me gardoit sa rage.
Dans l'horreur d'un cachot par son ordre enfermé,
J'attendois que le Temple en cendre consumé,
De tant de flots de sang non encore assouvie
Elle vinst m'affranchir d'une importune vie,
Et retrancher des jours, qu'auroit dû mille fois
Terminer la douleur de survivre à mes Rois.

JOAD.

Par quel miracle a-t-on obtenu voſtre grace?

ABNER.

Dieu dans ce cœur cruel ſçait ſeul ce qui ſe paſſe.
Elle m'a fait venir, & d'un air égaré,
Tu vois de mes ſoldats tout ce Temple entouré,
Dit-elle. Un feu vangeur va le reduire en cendre,
Et ton Dieu contre moy ne le ſçauroit défendre.
Ses Preſtres toutefois, mais il faut ſe hâter,
A deux conditions peuvent ſe racheter.
Qu'avec Eliacin on mette en ma puiſſance
Un treſor, dont je ſçay qu'ils ont la connoiſſance,
Par voſtre Roy David autrefois amaſſé,
Sous le ſceau du ſecret au grand Preſtre laiſſé.
Va, dy leur, qu'à ce prix je leur permets de vivre.

JOAD.

Quel conſeil, cher Abner, croyez-vous qu'on doit ſuivre?

ABNER.

Et tout l'or de David, s'il eſt vray qu'en effet
Vous gardiez de David quelque treſor ſecret,
Et tout ce que des mains de cette Reine avare
Vous avez pû ſauver & de riche & de rare,
Donnez-le. Voulez-vous que d'impurs Aſſaſſins
Viennent briſer l'Autel, brûler les Cherubins,
Et portant ſur noſtre Arche une main temeraire,
De voſtre propre ſang ſouiller le Sanctuaire?

JOAD.

Mais ſeroit-il, Abner, à des cœurs genereux,
De livrer au ſupplice un Enfant malheureux,
Un Enfant, que Dieu même à ma garde confie,
Et de nous racheter aux dépens de ſa vie?

ABNER.

Helas! Dieu voit mon cœur. Pluſt à ce Dieu puiſſant
Qu'Athalie oubliaſt un Enfant innocent,
Et que du ſang d'Abner ſa cruauté contente
Cruſt calmer par ma mort le Ciel qui la tourmente!
Mais que peuvent pour lui vos inutiles ſoins?
Quand vous perirez tous, en perira-t-il moins;
Dieu vous ordonne-t-il de tenter l'impoſſible?
Pour obeïr aux loix d'un Tyran inflexible,
Moïſe par ſa Mere au Nil abandonné,
Se vit, preſque en naiſſant, à perir condamné.
Mais Dieu le conſervant contre toute eſperance,
Fit par le Tyran même élever ſon enfance.
Qui ſçait ce qu'il reſerve à voſtre Eliacin,
Et ſi lui préparant un ſemblable deſtin,
Il n'a point de pitié déja rendu capable
De nos malheureux Rois l'homicide implacable?
Du moins, & Joſabet, comme moy, l'a pû voir,

Tan-

Tantost à son aspect je l'ay veu s'émouvoir.
J'ay veu de son courroux tomber la violence.
Princesse, en ce péril vous gardez le silence !
Hé quoy ? Pour un Enfant, qui vous est estranger,
Souffrez-vous que sans fruit Joad laisse égorger
Vous, son Fils, tout ce peuple, & que le feu devore
Le seul Lieu sur la terre où Dieu veut qu'on l'adore ?
Que feriez-vous de plus ; si des Rois vos ayeux
Ce jeune Enfant estoit un reste prétieux ;

IOSABET tousbas à Joad

Pour le sang de ses Rois vous voyez sa tendresse.
Que ne luy parlez-vous ?

IOAD.

Il n'est pas temps, Princesse.

ABNER.

Le temps est cher, Seigneur, plus que vous ne pensez.
Tandis qu'à me répondre icy vous balancez,
Mathan prés d'Athalie étincelant de rage
Demande le signal, & presse le carnage.
Faut-il que je me jette à vos sacrez genoux ?
Au nom du Lieu si saint, qui n'est ouvert qu'à vous,
Lieu terrible, où de Dieu la majesté repose,
Quelque dure que soit la loy qu'on vous impose,
De ce coup impréveu songeons à nous parer.
Donnez-moy seulement le temps de respirer.
Demain, dés cette nuit, je prendray des mesures
Pour assûrer le Temple, & vanger ses injures.
Mais je voy que mes pleurs & que mes vains discours
Pour vous persuader sont un foible secours.
Vostre austere vertu n'en peut estre frappée.
Hé bien ! Trouvez-moy donc quelque arme, quelque épée.
Et qu'aux portes du Temple, où l'Ennemi m'atend,
Abner puisse du moins mourir en combattant.

IOAD.

Je me rends. Vous m'ouvrez un avis que j'embrasse.
De tant de maux, Abner, détournons la menace.
Il est vray de David un tresor est resté.
La garde en fut commise à ma fidelité.
C'estoit des tristes Juifs l'esperance derniere,
Que mes soins vigilans cachoient à la lumiere.
Mais puis qu'à vostre Reine il faut le découvrir,
Je vais la contenter, nos portes vont s'ouvrir.
De ses plus braves Chefs qu'elle entre accompagnée.
Mais de nos saints Autels qu'elle tienne eloignée
D'un ramas d'Estrangers l'indiscrette fureur.
Du pillage du Temple épargnez-moy l'horreur.
Des Prestres, des Enfans lui feroient-ils quelque ombre ?
De sa Suite avec vous qu'elle regle le nombre.

P   Et

Et quant à cet Enfant si craint, si redouté;
De vostre cœur, Abner, je connoy l'équité.
Je vous veux devant elle expliquer sa naissance.
Vous verrez, s'il le faut remettre en sa puissance.
Et je vous feray juge entre Athalie & lui.

ABNER.

Ah! je le prens déja, Seigneur, sous mon appuy.
Ne craignez rien. Je cours vers celle qui m'envoye.

SCENE III.

IOAD, IOSABET, ISMAEL, ZACHARIE,
&c.

IOAD.

GRand Dieu, voicy ton heure, on t'ameine ta proye.
Ismaël, écoutez (a)

IOSABET.

Puissant Maistre des Cieux,
Remets lui le bandeau, dont tu couvris ses yeux,
Lors que lui dérobant tout le fruit de son crime,
Tu cachas dans mon sein cette tendre victime.

IOAD.

Allez, sage Ismaël, ne perdez point de temps.
Suivez de point en poiut ces ordres importans.
Sur tout, qu'à son entrée, & que sur son passage,
Tout d'un calme profond lui presente l'image.
Vous   Enfans, préparez un thrône pour Joas.
Qu'il, s'avance suivi de nos sacrez soldats.
Faites venir aussi sa fidelle Nourrice,
Princesse, & de vos pleurs que la source tarisse.
Vous (a) dés que cette Reine yvre d'un fol orgueil
De la porte du Temple aura passé le seuil,
Qu'elle ne pourra plus retourner en arriere;
Prenez soin qu'à l'instant la trompette guerriere
Dans le camp ennemi jette un subit effroy.
Appellez tout le Peuple au secours de son Roy.
Et faites retentir jusques à son oreille
De Joas conservé l'étonnante merveille.
Il vient.

SCE-

(a) Il lui parle à l'oreille.
  (a) au Lévite.

SCENE IV.

IOAS, IOAD, IOSABET, TROUPES DE
PRESTRES ET DE LEVITES, &c.

IOAD coutinuë.

L Evites saints, Prestres de nostre Dieu,
Par tout, sans vous montrer, environnez ce lieu.
Et laissant à mes soins gouverner vostre zele,
Pour paroistre, attendez que ma voix vous appelle. (b)
Roy, je croy qu'à vos vœux cet espoir est permis,
Venez voir à vos pieds tomber vos ennemis.
Celle dont la fureur poursuivit vostre enfance
Vers ces lieux à grands pas pour vous perdre s'avance.
Mais ne la craignez point. Songez qu'autour de vous
L'Ange exterminateur est debout avec nous,
Montez sur vostre thrône, &... Mais la porte s'ouvre.
Permettez un moment que ce voile vous couvre. (c)
Vous changez de couleur, Princesse?

IOSABET.

Ah! sans pâlir
Puis-je voir d'assassins le Temple se remplir?
Quoy; Ne voyez-vous pas quelle nombreuse escorte...

JOAD.

Je voy, que du saint Temple on referme la porte.
Tout est en seureté.

SCENE V.

ATHALIE, IOAS caché derriere le rideau, JOAD,
JOSABET, ABNER, SUITE D'ATHALIE.

ATHALIE à Joad.

T E voilà, Séducteur,
De ligues, de complots pernicieux auteur,
Qui dans le trouble seul a mis tes esperances,
Eternel ennemi des suprêmes puissances.
En l'appui de ton Dieu tu t'estois reposé.
De ton espoir frivole es-tu desabusé?
Il laisse en mon pouvoir & son Temple & ta vie,
Je devrois sur l'Autel, où ta main sacrifie,
Te... Mais du prix qu'on m'offre il faut me contenter.
Ce que tu m'as promis songe à l'executer.
Cet Enfant, ce tresor, qu'il faut qu'on me remette,
Où sont-ils?

JOAD

(b) Ils se cachent tous. (c) Il tire un rideau.

IOAD.

Sur le champ tu seras satisfaite.
Je te les vais montrer l'un & l'autre à la fois. (a)
Paroissez, cher Enfant, digne sang de nos Rois.
Connois-tu l'heritier du plus saint des Monarques,
Reine ? De ton poignard connois du moins ces marques.
Voilà ton Roy, ton Fils, le Fils d'Okosias.
Peuples, & vous Abner, reconnoissez Joas.

ABNER.

Ciel !

ATHALIE à Joad.

Perfide !

IOAD.

Vois-tu cette Juive fidelle,
Dont tu scais bien qu'alors il suçoit la mammelle ;
Il fut par Josabet à ta rage enlevé.
Ce Temple le receut, & Dieu l'a conservé.
Des tresors de David voilà ce qui me reste.

ATHALIE.

Ta fourbe à cet Enfant, traistre, sera funeste.
D'un Fantosme odieux, soldats, délivrez-moy.

IOAD.

Soldats du Dieu vivant défendez vostre Roy,

*Icy le fond du Theatre s'ouvre. On voit là dedans du Temple & les
Lévites armez sortent de tous costez sur la Scene.*

ATHALIE.

Où suis-je, O trahison ! O Reine infortunée !
D'armes & d'ennemis je suis environnée.

IOAD.

Tes yeux cherchent en vain, tu ne peus échapper,
Et Dieu de toutes parts à sceu t'envelopper.
Ce Dieu que tu bravois, en nos mains t'a livrée.
Rends lui compte du sang dont tu t'es enyvrée.

ATHALIE.

Quoy ? La peur a glacé mes indignes soldats ;
Lâche Abner, dans quel piege as tu conduit mes pas !

ABNER.

Reine, Dieu m'est témoin...

ATHALIE.

Laisse-là ton Dieu, Traistre,

Et vange-moy.

ABNER *se jettant aux pieds de Joas.*

Sur qui ; Sur Joas ! Sur mon Maistre !

ATHALIE.

Lui Joas ; Lui ton Roy ; Songez, Méchans, songez
Que mes armes encor vous tiennent assiégez.
J'entens à haute voix tout mon camp qui m'appelle.
On vient à mon secours. Tremblez, troupe rebelle.

SCE-

(a) *Le rideau se tire.*

SCENE VI

ISMAEL, IOAS, IOAD, ATHA-
LIE, &c.

ISMAEL *à Joad.*

Seigneur, le Temple est libre, & n'a plus d'ennemis.
L'Estranger est en fuite, & le Juif est soûmis.
Comme le vent dans l'air dissipe la fumée,
La voix du Tout-puissant a chassé cette Armée.
Nos Lévites, du haut de nos sacrez parvis,
D'Okosias au peuple ont annoncé le Fils,
Ont conté son enfance au glaive dérobée,
Et la fille d'Achab dans le piege tombée.
Partout en même temps la trompette a sonné.
Et ses sons, & leurs cris dans son camp estonné
Ont répandu le trouble & la terreur subite,
Dont Gédéon frappa le fier Madianite.
Les Tyriens jettant armes & boucliers,
Ont par divers chemins disparu les premiers.
Quelques Juifs éperdus ont aussi pris la fuite.
Mais de Dieu sur Joas admirant la conduite.
Le reste à haute voix s'est pour lui déclaré.
Enfin d'un même esprit tout le Peuple inspiré,
Femmes, vieillards, enfans, s'embrassant avec joye,
Benissent le Seigneur, & celui qu'il envoye.
Tous chantent de David le Fils ressuscité.
Baal est en horreur dans la sainte Cité.
De son temple profane on a brisé les portes.
Mathan est égorgé.

ATHALIE.

Dieu des Juifs, tu l'emportes;
Ouy, c'est Joas, je cherche en vain à me tromper.
Je reconnois l'endroit où je le fis frapper.
Je voy d'Okosias & le port, & le geste.
Tout me retrace enfin un sang, que je déteste.
David, David triomphe. Achab seul est détruit.
Impitoyable Dieu, toy seul as tout conduit.
C'est toy, qui me flattant d'une vangeance aisée,
M'as vingt fois en un jour à moy-même opposée,
Tantost pour un enfant excitant mes remors,
Tantost m'éblouissant de tes riches tresors
Que j'ay craint de livrer aux flâmes, au pillage.
Qu'il regne donc ce Fils, ton soin, & ton ouvrage.
Et que pour signaler son empire nouveau
On lui fasse en mon sein enfoncer le couteau.
Voicy ce qu'en mourant lui souhaitte sa Mere.

Que

Que dis-je souhaiter? Je me flatte, j'espere,
Qu'indocile à ton joug, fatigué de ta Loy,
Fidelle au sang d'Achab, qu'il a receu de moy,
Conforme à son Ayeul, à son Pere semblable,
On verra de David l'heritier détestable
Abolir tes honneurs, profaner ton Autel.
Et vanger Athalie, Achab, & Jezabel.

IOAD.

Qu'à l'instant hors du Temple elle soit emmenée,
Et que la sainteté n'en soit point profanée.
Allez, sacrez Vangeurs de vos Princes meurtris,
De leur sang par sa mort faire cesser les cris.
Si quelque audacieux embrasse sa querelle,
Qu'à la fureur du glaive on le livre avec elle.

SCENE VII.

JOAS, JOAD, JOSABET,
ABNER, &c.

JOAS.

Dieu, qui voyez mon trouble & mon affliction,
Détournez loin de moy sa malédiction,
Et ne souffez jamais qu'elle soit accomplie.
Faites que Joas meure, avant qu'il vous oublie.

JOAD aux Lévites.

Appellez tout le Peuple, & montrons luy son Roy.
Qu'il lui vienne en ses mains renouveller sa foy.
Roy, Prestres, Peuple, allons, pleins de reconnoissance;
De Jacob avec Dieu confirmer l'alliance,
Et saintement confus de nos égaremens,
Nous rengager à lui par de nouveaux sermens.
Abner, auprés du Roy reprenez vostre place.
Hé bien; de cette Impie a-t-on puni l'audace?

SCENE DERNIERE.

UN LEVITE, IOAS, IOAD, &c.

UN LEVITE.

Le fer à de sa vie expié les horreurs.
Jérusalem long-temps en proye à ses fureurs,
De son joug odieux à la fin soulagée,
Avec joye en son sang la regarde plongée.

IOAD.

Par

Par cette fin terrible, & duë à ses forfaits,
Apprenez, Roy des Juifs, & n'oubliez jamais,
Que les Rois dans le Ciel ont un Juge severe,
L'Innocence un Vangeur, & l'Orphelin un Pere.

F I N.